中公新書 2443

亀田俊和著

観応の擾乱

室町幕府を二つに裂いた
足利尊氏・直義兄弟の戦い

中央公論新社刊

はしがき

室町幕府の発足といえば、建武《けんむ》二年（一三三五）の末から一年弱にわたって行われた戦争を経て成し遂げられたとするのが一般的である。同年一一月、足利尊氏《あしかがたかうじ》が鎌倉で謀反《むほん》を起こして挙兵し、後醍醐《ごだいご》天皇を首長とする公武統一の建武政権と関東から九州まで日本列島を横断する激戦を繰り広げた。その内戦に勝利した結果、尊氏は翌建武三年一一月に武家政権の基本法典である『建武式目《しきもく》』を制定した。通説では、これが室町幕府の発足と理解されている。その直後、後醍醐が大和《やまと》国吉野《よしの》に亡命して南朝を開き、北朝を推戴《すいたい》した室町幕府と約六〇年間にわたって南北朝の動乱を繰り広げたことは周知の事実であろう。

あるいは、三代将軍足利義満《よしみつ》の政治を幕府の完成と理解する見解も有力である。応安《おうあん》元年（一三六八）一二月、父二代将軍足利義詮《よしあきら》の急死を受けて義満は征夷大将軍《せいいたいしょうぐん》に就任したが、まだ一一歳の少年であったので細川頼之《ほそかわよりゆき》が管領《かんれい》として将軍権力を代行した。義満は成長して実権を掌握すると、土岐《とき》氏・山名《やまな》氏といった有力大守護を次々と討伐し、明徳《めいとく》三年（一三九二）には南北朝合一を実現させ、室町幕府の全盛期を築く。

義満期の政治体制や儀式は良い先例とされ、後続の足利将軍たちも踏襲した。義満が御所とした室町殿（花の御所）にちなんで、この政権が「室町幕府」と称されることからもうかがえるように、彼を事実上の室町幕府創始者とする見方も存在する。

しかし本書が基軸に据えて論じるのは、建武の戦乱と足利義満の治世のどちらでもない。それらの時期の間に位置する、観応《かんのう》の擾乱《じょうらん》と言われる内戦である。

観応の擾乱とは、室町幕府初代将軍足利尊氏および執事《しつじ》高師直《こうのもろなお》と、尊氏弟で幕政を主導していた足利直義《ただよし》が対立し、初期幕府が分裂して戦った全国規模の戦乱である。

この内戦は、観応元年（一三五〇）一〇月、尊氏が不仲であった実子足利直冬《ただふゆ》を討伐するために九州に向けて出陣した隙《すき》を突いて、直冬の叔父にして養父でもあった直義が京都を脱出したことからはじまるとされることが多い。一時は直義軍が圧勝し、翌観応二年二月、師直一族が摂津《せっつ》国武庫川《むこがわ》辺で斬殺《ざんさつ》されたことで第一幕が閉じる。

しかし尊氏・直義兄弟の講和はわずか五ヵ月で破綻《はたん》し、同年七月末、直義が京都を脱出して北陸へ向かったことで第二幕がはじまる。今度は尊氏軍が勝利し、翌正平《しょうへい》七年（北朝観応三、一三五二）二月に直義が鎌倉で死去したことで観応の擾乱は終結する。

乱のはじまりは観応元年だが、幕府内での確執は貞和《じょうわ》四年（一三四八）正月の河内《かわち》国四《し》条畷《じょうなわて》の戦いにおいて、師直軍が南朝楠木正行《くすのきまさつら》軍を撃破した頃から生じている。また直義死後も戦乱は収まらず、早くも直義の死の翌月である正平七年閏《うるう》二月には、京都と鎌倉で幕府軍と南朝軍が大激戦を繰り広げた。文和《ぶんな》四年(一三五五)二月から三月にかけても、尊氏は南朝方に転じた直冬と京都で激しく戦った。直冬は養父直義の継承勢力であるので、これも広い意味では擾乱の一部とみなすべきかもしれない。

観応の擾乱は高校日本史の教科書に必ず掲載される項目だ。つまり、高校で日本史を選択すれば必ず学ぶはずである。しかし、ほとんど記憶にない読者が多いのではないだろうか。また擾乱が南北朝の内乱を長期化させ、合一を遅らせた側面も存在し、この乱が持つイメージは基本的に悪い。

そんな戦乱を、なぜ叙述の基軸に据えるのか。それは、制度・政策面において、観応の擾乱こそが初期の室町幕府にとってもっとも重大な戦争であったと考えるからである。

初期の室町幕府は、大部分で鎌倉幕府の体制を踏襲していた。本論でも触れるが、近年の研究では建武政権で行われた改革の成果もかなり導入したことが解明されている。しかし、それでも鎌倉幕府の影響を大きく受けた大枠の結論は揺るがない。

そうした鎌倉幕府を模倣したような体制が変化し、室町幕府独自の権力構造が生み出される契機となったのが、観応の擾乱なのである。義満期の体制も、大本をたどれば擾乱以降の改革が基礎となっている事例が多い。室町幕府にとって、観応の擾乱が持つ政治史的・制度史的意義は計り知れない。加えて建武期と比較すると観応期は信頼できる史料が豊富で、そうした意味でも研究を深める価値がある。

しかし通史や一般書の類で、観応の擾乱に関する記述はあっさりとしており、大同小異である。学術論文でも、擾乱を正面から取り上げた論考は少ない。これは学術研究の世界においても、観応の擾乱が軽視されてきたことを暗示する。

本書では、観応の擾乱を理解する前提として、初期室町幕府の体制や歴史に関する叙述が必須《ひっす》のため冒頭で解説する。また観応年間に戦われた、いわゆる狭義の観応の擾乱だけではなく、貞和四年の四条畷の戦いから文和四年の尊氏―直冬父子の大決戦にいたる広義の擾乱も紹介する。さらに、擾乱が後世の幕府に及ぼした政治的・制度的な影響や遺産を論じる。

結論を先に言えば、高師直や足利直義の敗死という多大な犠牲を払いながらも、観応の擾乱という試練を克服したことによって室町幕府は政権担当能力を身につけ、足利尊氏も名実ともに征夷大将軍となったのである。それでは、はじめよう。

もくじ

第4章　束の間の平和

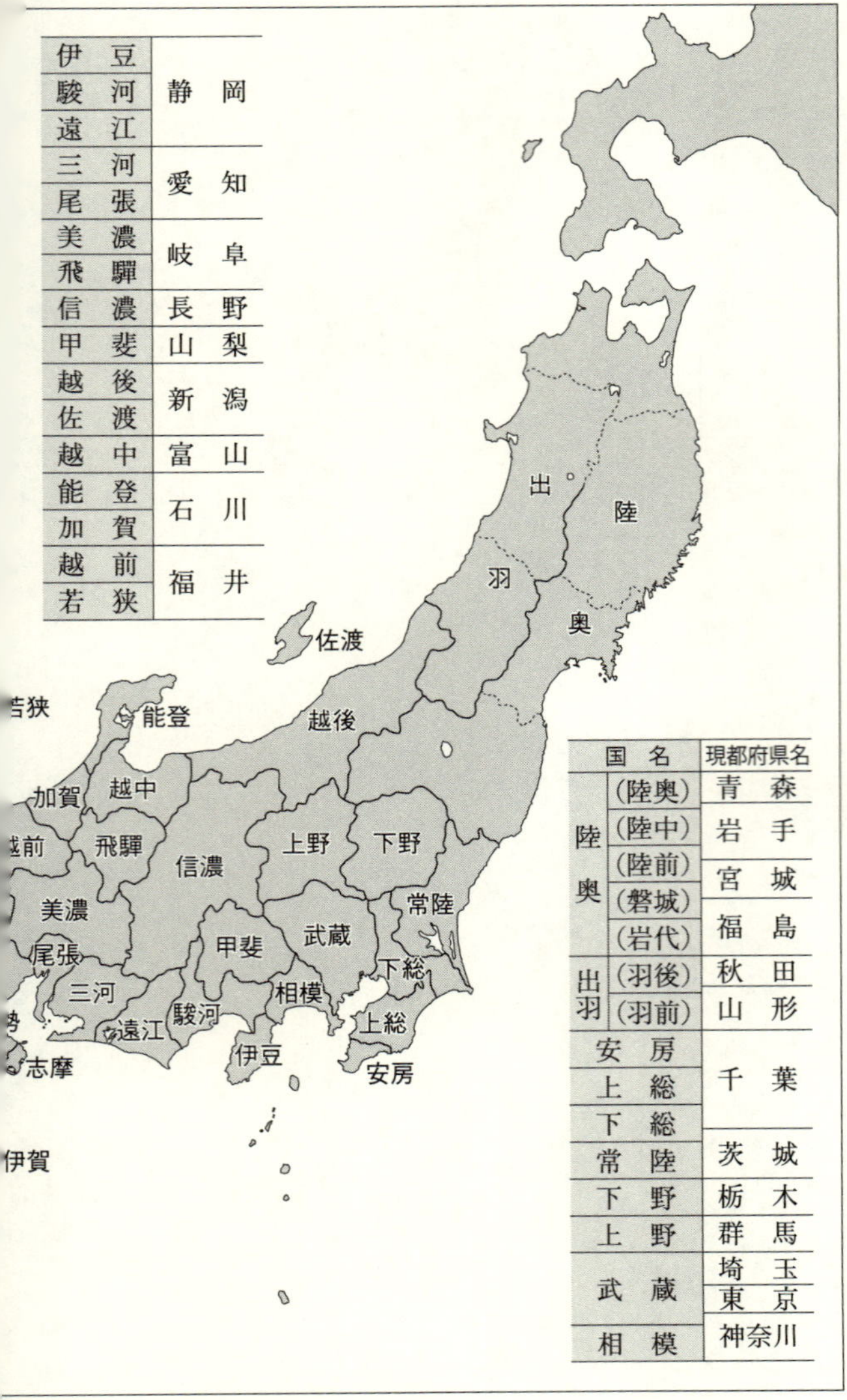

伊豆	静岡
駿河	
遠江	
三河	愛知
尾張	
美濃	岐阜
飛騨	
信濃	長野
甲斐	山梨
越後	新潟
佐渡	
越中	富山
能登	石川
加賀	
越前	福井
若狭	

国名		現都府県名
陸奥	(陸奥)	青森
	(陸中)	岩手
	(陸前)	宮城
	(磐城)	
	(岩代)	福島
出羽	(羽後)	秋田
	(羽前)	山形
安房		千葉
上総		
下総		
常陸		茨城
下野		栃木
上野		群馬
武蔵		埼玉
		東京
相模		神奈川

筑前	福岡
筑後	福岡
豊前	福岡・大分
豊後	大分
日向	宮崎
大隅	鹿児島
薩摩	鹿児島
肥後	熊本
肥前	佐賀・長崎
壱岐	長崎
対馬	長崎

阿波	徳島
土佐	高知
伊予	愛媛
讃岐	香川
備前	岡山
美作	岡山
備中	岡山
備後	広島
安芸	広島
周防	山口
長門	山口
石見	島根
出雲	島根
隠岐	島根
伯耆	鳥取
因幡	鳥取

近江	滋賀
山城	京都
丹後	京都
丹波	京都・兵庫
但馬	兵庫
播磨	兵庫
淡路	兵庫
摂津	兵庫・大阪
和泉	大阪
河内	大阪
大和	奈良
伊賀	三重
伊勢	三重
志摩	三重
紀伊	三重・和歌山

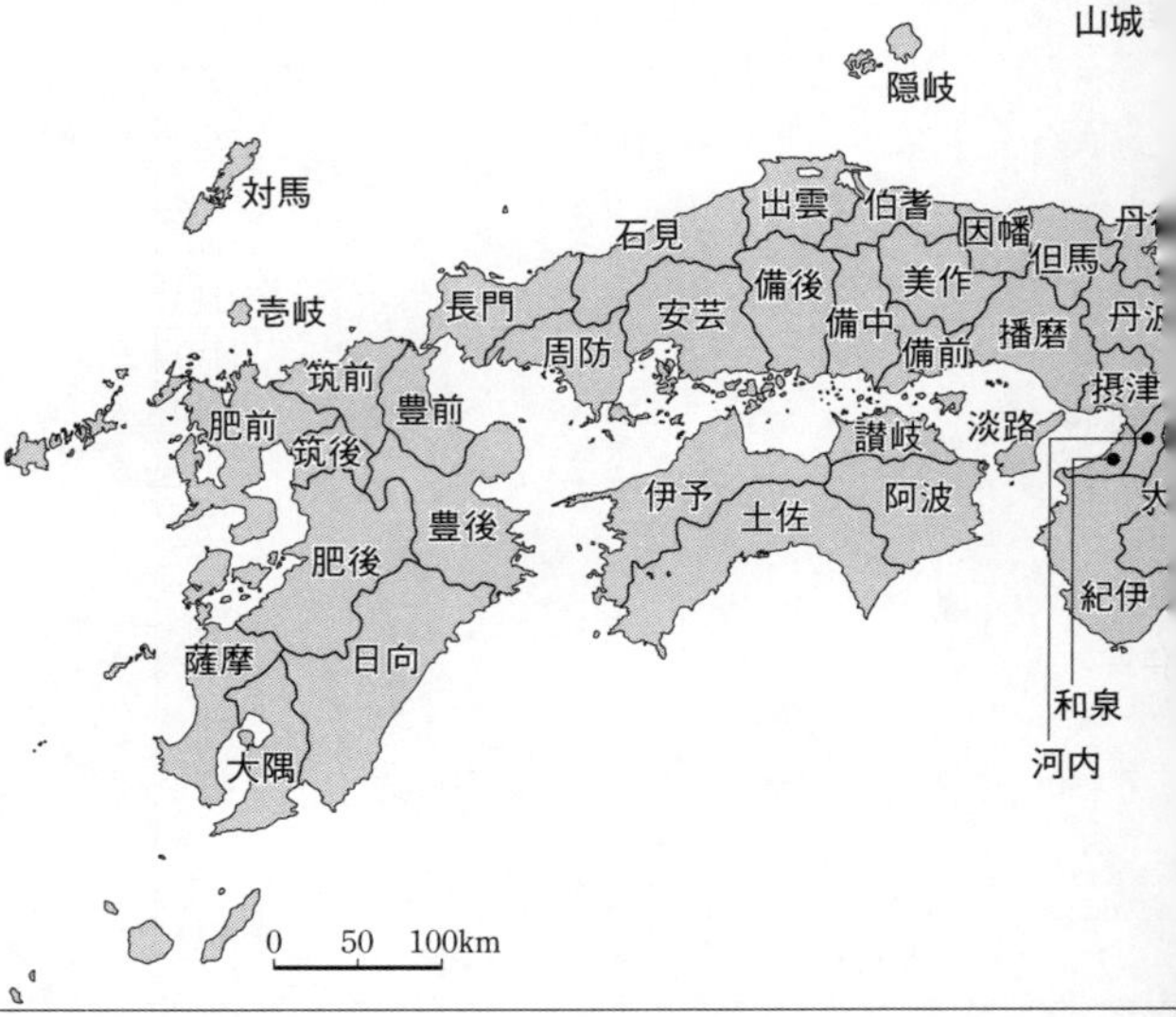

第1章　初期室町幕府の体制

1　「三条殿」足利直義——事実上の室町幕府最高指導者

室町幕府発足から南北両朝並立までの経緯

室町幕府発足の大きな契機となったのは、建武二年（一三三五）七月（六月説もある）に勃《ぼっ》発《ぱつ》した中先代《なかせんだい》の乱である。中先代の乱とは、後醍醐天皇らの勢力に滅ぼされた鎌倉幕府最後の得宗《とくそう》（北条《ほうじょう》氏の家督。後期の鎌倉幕府では、事実上の最高権力者となった）北条高時《たかとき》の遺児時《とき》行《ゆき》が、信濃《しなの》国で挙兵して建武政権に対して起こした反乱である。鎌倉幕府を「先代」、室町幕府を「当代《とうだい》」と称した場合、時行が「中先代」にあたることから「中先代の乱」と称される。

当時、建武政権は関東地方に鎌倉将軍府と言われる地方統治機関を設置しており、後醍醐天皇皇子の成良《なりよし》親王を名目上の首長に据え、足利直義が執権として東国を統治していた。しかし、関東地方に侵入した時行軍は直義軍に連戦連勝し、七月二五日頃に鎌倉を占領する。

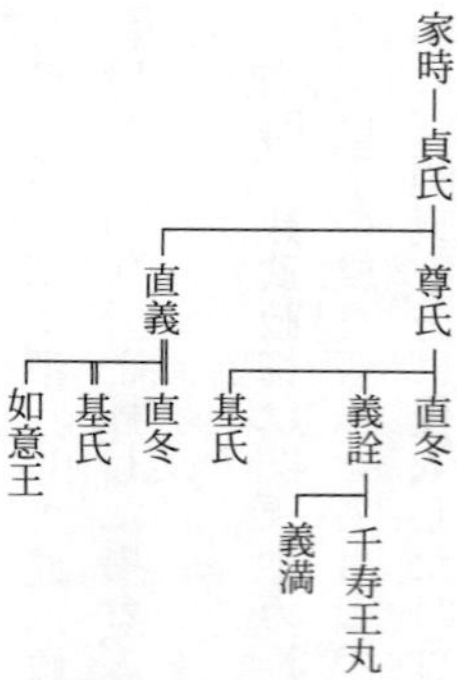

足利家略系図

当時京都にあった足利尊氏は弟直義の危機を救うため、八月二日に出陣。三河《みかわ》国矢作《やはぎ》宿で落ち延びてきた直義と合流し、東海道を下った。今度は足利軍の連戦連勝で、同月一九日に鎌倉を奪回し、時行は敗走する。

ところが、勝った尊氏は後醍醐の帰京命令に従わず、旧鎌倉幕府将軍邸に屋敷を新築して居住し、建武政権に無断で反乱鎮圧に功績があった武士に恩賞として所領を給付するなどした。こうした一連の行動は、尊氏にしてみれば中先代の乱の戦後処理を行い、北条氏残党を完全に鎮圧するための必然的な措置であったと考えられる。

だが、彼の行動は傍目《はため》にはまるで将軍として振る舞っているように見えた。これを建武政権に対する謀反と解釈した後醍醐天皇は、一一月一九日に尊氏・直義兄弟を朝敵と認定し、新田義貞《にったよしさだ》を大将とする官軍を出動させる。しかし、当の尊氏は、建武政権下において後醍醐から倒幕の恩賞として高い官職と膨大な所領、そして強大な権限を与えられており、天皇と戦う意思をまったく持っていなかった。尊氏は後醍醐に恭順の意を示して浄光明寺《じょうこうみょうじ》に籠《こ》もった。やむを得ず、直義が足利氏当主の座に就き、主将としてこれを迎撃した。

足利軍は三河・遠江《とおとうみ》・駿河《するが》と東海道各地で連敗した。尊氏は弟の窮地を見かねてついに挙兵し、一二月一一日に箱根《はこね》・竹《たけ》ノ下《した》の戦いで建武政権軍を破った。

足利尊氏（等持院蔵）

その後は尊氏軍が東海道を攻め上り、翌建武三年正月に京都に侵入した。後醍醐天皇は、比叡山延暦寺《ひえいざんえんりゃくじ》に籠城《ろうじょう》して足利軍に対峙《たいじ》した。両軍の激しい戦いは続いたが、奥州から陸奥《むつ》国司北畠顕家《きたばたけあきいえ》（北畠親房《ちかふさ》の長男）の援軍が到着すると建武政権軍が優勢となり、同月三〇日に足利軍は京都を撤退して九州まで落ち延びた。

しかし三月二日の筑前《ちくぜん》国多々良浜《たたらはま》の戦いで後醍醐方の菊池武敏《きくちたけとし》軍に奇跡的な勝利を収めた足利軍は、四月三日にふたたび京都を目指して東上を開始する。五月二五日の摂津国湊川《みなとがわ》の戦いでは名将楠木正成《まさしげ》を討ち取り、二九日に直義隊が先鋒《せんぽう》として入京した。

後醍醐は正月に続いて二度目の比叡山籠城を行い、足利軍との熾烈《しれつ》な戦闘を続けた。この間、八月一五日に持明院統《じみょういんとう》（北朝の皇統）の光厳《こうごん》上皇の院政がはじまり、弟の豊仁《とよひと》親王が即位して光明《こうみょう》天皇となった。後に北朝と呼ばれる朝廷が発足したのである。

一方、戦況は徐々に足利軍が優勢となっていった。追い込まれた後醍醐天皇は、一〇月一〇日に足利尊氏と講和し、比叡山を下りた。一一月二日には、後醍醐が光明へ三種の神器を授ける儀式が行われた。同月七日、新しい武家政権の基本法典である『建武式目』が制定された。これをもって室町幕府が発足したとするのが定説だ。

ところが一二月二一日、後醍醐天皇が大和国吉野へ亡命し、自分こそが正統の天皇であると主張した。南朝の登場であり、ここに約六〇年間にわたる南北朝の内乱時代が開幕する。

建武五年閏七月二日、後醍醐皇子の恒良《つねよし》親王を奉じて越前《えちぜん》国へ下向し、幕府軍に抵抗していた南朝の新田義貞が、同国藤島《ふじしま》の戦いで戦死した。これが大きな契機となって、八月一一日、北朝から尊氏は征夷大将軍、直義も左兵衛督《さひょうえのかみ》に任命された。その直後から、直義の裁許下知状《げちじょう》の発給と直義主催の評定《ひょうじょう》の式日《しきじつ》開催（詳細は次項で解説）が開始される。これをもって、室町幕府は一応完成したのである。

直義の権限

幕府が成立する頃、尊氏は直義に政務を譲ろうとした。直義はこれを再三辞退したが、尊氏の強い要望に断りきれずに受諾した。以降、政務に関して尊氏が介入することはまったくなかったという。

右は『梅松論《ばいしょうろん》』に記された逸話である。『梅松論』は、尊氏側近の武将が貞和五年（一三四九）頃に完成したと推定されている歴史書で、南北朝時代の著名な軍記物『太平記《たいへいき》』よりも史料的な信頼性は高いと考えられている。

前項で紹介した室町幕府発足の経緯からもうかがえるように、観応の擾乱にいたるまでの尊氏の政治に対する姿勢は、基本的に消極的であった。実際、『梅松論』の記述を裏づけるように発足当初の室町幕府の権限の大半は直義が行使している。そこで、初期幕府における直義の権限を簡単に紹介しよう。

まず注目すべきは、所領安堵《あんど》である。所領安堵とは、武士が先祖代々相伝し、実効支配を継続する所領の領有を承認する行為である。直義は、この権限を下文《くだしぶみ》と呼ばれる形式の文書を発給することで行使した。所領安堵の手続き・審査は安堵方《かた》という機関で行われ、直義自らが出席する評定という機関で最終的に承認されて下文の発給となった。

評定は、かつて鎌倉幕府において執権《しっけん》・連署《れんしょ》が主催した最高意思決定機関で、直義の評定はそれを継承したものである。一の日、七の日、九の日など、特定の日付で定期的に開催された。それら特定の日付を「式日」と称した。

続いて、直義主導下の幕府をもっとも象徴すると言っても過言ではないのが、裁許下知状の発給である。裁許下知状とは、直義が管轄した所務沙汰《しょむざた》（荘園・諸職の紛争を調停する訴訟。現代の不動産訴訟に近い）の判決文で、鎌倉幕府において執権・連署が発給した裁許下知状を踏襲したものである。二〇一七年現在、直義が発給した下知状は九三通発見されており、直義の政治を代表する文書と評価できる。

所務沙汰の手続き・審査は引付方《ひきつけかた》と呼ばれる機関で行われた。引付方も鎌倉以来の訴訟機関で、直義期の幕府では五つの部局に分かれ、それぞれに頭人《とうにん》（長官）が設置されて評定衆・奉行人《ぶぎょうにん》（文筆官僚）が所属していた。

訴人《そにん》（原告）の訴状を受理した引付方は、論人《ろんにん》（被告）に対する陳《ちん》状《じょう》（反論の訴状）提出の要求や出頭命令などを行った。訴状・陳状の応酬が原則三回繰り返され（三問三答《さんもんさんとう》）、法廷に訴人・論人が出頭して直接対決が行われる場合もあった。そうした手続きを経て下知状の草案が作成され、下文と同様に評定に上程されて直義の決裁を仰いだ。

右に説明した、訴人・論人双方の主張を聴いて、調停者として公平な裁定を下す裁判を、学術研究の世界では「理非糺明《りひきゅうめい》」の訴訟と称し、訴人の主張のみを聴いて一方的に判決を

伝源頼朝像（神護寺蔵）。足利直義を描いたものではないかとする説もある

下す、いわゆる「一方的裁許」(「特別訴訟手続」とも言う)と区別して研究が進められてきた。理非糺明と一方的裁許は本書のキーワードとなるので、記憶に留《とど》められたい。

多数現存する直義の裁許下知状を検討すると、武士に荘園を侵略された寺社や公家による提訴の事例が非常に多い。訴人の多くは、係争地を正当な根拠によって代々領有していることが一般的であった。そのため、訴人が勝訴する確率が非常に高かった。特に寺社本所《ほんじょ》と武士が対決した場合、ほとんど寺社本所が勝訴している。

所領安堵・所務沙汰裁許に顕著に見られるように、直義の政治は基本的に現状維持を最優先する特徴があった。また所務沙汰における寺社本所の圧倒的勝率から、直義の政策は寺社本所の権益擁護を基調とし、鎌倉幕府以来の伝統的な秩序の保全を目指したと定説では評価されてきた。北条義時《よしとき》・泰時《やすとき》父子が創始した執権政治を彼が理想としていたことも、古くから指摘されている。

その他、全国の武士に戦争への動員を命じる軍勢催促状は、幕府が発足すると直義が一元的に発給した。また、合戦で軍忠《ぐんちゅう》(手柄)を挙げた武士に、その功を感謝する感状《かんじょう》を発給したのも直義である。すなわち、直義は武家の棟梁《とうりょう》に必須である軍事指揮権も掌握したのである。しかも直義は、御家人《ごけにん》(将軍と主従関係を結び、幕府に従った武士)の統制機関で洛《らく》中《ちゅう》の警察も担当した侍所《さむらいどころ》も管轄した。

さらに直義は、将軍家の安泰を祈禱《きとう》する祈願寺《きがんじ》の指定、北朝の光厳上皇が発給した院宣《いんぜん》を承認する院宣一見状《いっけんじょう》、武士が希望する官職を北朝に推薦する官途《かんと》推挙状の発給など、実に広範な権限を行使したのである。

右に瞥見《べっけん》したように、尊氏は直義に政務を譲ったのだが、完全に隠居したわけではなかった。

尊氏の権限

尊氏が行使した数少ない権限に、恩賞充行《おんしょうあておこない》がある。恩賞充行とは、合戦で軍忠を挙げた武士に、褒美として敵から没収した所領を給付する行為である。所領安堵と同様、下文で行われた。やや専門的な話となるが、尊氏の下文の署名は文書の右端（袖《そで》）に花押《かおう》のみを据える形式で、これを「袖判《そではん》」といった。これは年月日の左上に署判《しょはん》を記す「奥上署判《おくうえ》」の形式を採る直義下文よりも尊大な形式であり、尊氏の立場が直義よりも上であることを示した。

恩賞充行の手続き・審査を行ったのは恩賞方という機関で、これは尊氏が管轄した。直義下文・下知状と異なり、尊氏下文の日付はまちまちで、式日開催が行われた形跡は存在しない。つまり直義の評定と異なり、尊氏の恩賞沙汰は不定期に開催されていた。また恩賞方では、親幕府の寺社に所領を寄付する寄進状《きしんじょう》の発給も行われた。

そして尊氏は、守護《しゅご》の任命も行った。守護とは、幕府が国単位に設置した地方の行政・軍事の担当官で、言うなれば現代の都道府県知事に近い役職だ。恩賞充行と守護職補任《ぶにん》。当時の尊氏が行使した権限は、わずかにこの二つだけなのである。

「三条殿」

第二次世界大戦後、日本中世政治史の枠組みを作った巨人、佐藤進一氏は、初期室町幕府の体制を、尊氏・直義の二頭政治と評価した（『南北朝の動乱』など）。以降、これが定説となっている。

「二頭政治」という表現は、尊氏と直義が権限を均等に二分した印象がどうしてもつきまとう。しかし、右に見たように両者の権限は直義に大きく偏重している。発給文書の残存数も、直義の方がはるかに多い。こうした状況を、「二頭政治」と形容してしまうと、本質を見誤る恐れがないだろうか。ちなみに管見の限りで、この問題を初めて指摘したのは呉座勇一《ござゆういち》氏である（『戦争の日本中世史』）。

先に紹介した『梅松論』の記述に言及する論者は数多いが、結局は佐藤氏の二頭政治論を踏襲する。しかし『梅松論』をそのまま受け取っていいのではないか。

初期室町幕府の体制は二頭政治ではなく、直義が事実上の最高権力者として主導する体制だったのである。では、この直義の地位を何と表現すればよいのであろうか。

桃崎有一郎《ももさきゆういちろう》氏の研究成果によれば、この時期の直義は「三条殿《さんじょうどの》」あるいは「三条坊門《ぼうもん》」と呼ばれることがもっとも多かった（「初期室町幕府の執政と「武家探題《たんだい》」鎌倉殿の成立」）。これは、開幕以来の直義の邸宅所在地で、幕府の政務が行われた下京《しもぎょう》三条坊門高倉《たかくら》にちなんでいる。

ゆえに筆者は、直義の地位の名称は「三条殿」であったと考えている。後年の室町幕府では、首長の邸宅所在地である「室町殿」がその地位を表す名称として使用され、現代も学術用語となっている。それを踏まえれば、直義の地位を三条殿としてもまったく不自然ではない。三条殿体制は、必ずしも将軍とは限らない人物が最高権力者として幕政を主導し、住居の名称で呼ばれる点において、足利義満以降の室町殿体制の先駆的な形態であったと評価することも可能であろう。

2 創造と保全——将軍足利尊氏と三条殿直義の政治機能の分担

主従制的支配権と統治権的支配権

佐藤進一氏の二頭政治論は、単純に尊氏と直義が権限を分割していたとするだけではない。両者の権限には質的な差違があったとするのが、佐藤説の核心なのである。

佐藤氏は、尊氏の権限を武士を家来として従える武家の棟梁の機能として、主従制的支配権と名づけた。一方、直義の権限は、全国を統治する政務の統括者としての機能と評価し、統治権的支配権とした。換言すれば、主従制的支配権は人を支配する機能であり、統治権的支配権は領域を支配する機能である。

だが主従制的支配権と統治権的支配権の定義は、前項で述べた尊氏・直義両者が実際に行使した権限と必ずしも一致しない問題点がある。

たとえば、武士の土地領有を承認する所領安堵は、主従関係を構築する機能ともみなせる。現に、鎌倉幕府の将軍が所領安堵を駆使して御家人との主従関係を確立した事例を多数確認できる。所領安堵に関しても研究が蓄積して複雑な議論が展開され、現在では、一応統治権的支配権に属するとされている。だが、それでも所領安堵に主従制的要素が存在することを〝完全に〟否定するのは困難である。

また逆に、尊氏の恩賞充行も統治権の要素を十分に含むという問題がある。平時の恩賞充行は、恩賞方で武士が提出した軍忠状などに基づいて軍忠を審査し、諸国の守護が提出する闕所地《けっしょち》注進などによって恩賞地を決定した。加えて下文発給後に執事施行状《しぎょうじょう》（後述）を発給し、下文の実現も図った。少なくとも理論的には、所領安堵と同様に領域を支配する権限である。

何より、軍勢催促状と感状を直義が一元的に発給し、侍所まで管轄していることは看過できない。こうした軍事や警察の権限は、武家の棟梁の行為そのものなのではないか。

建武政権の「実験」

そもそも、なぜ尊氏は直義に政務の大半を委譲しながらも、一部の権限を依然保持したのであろうか。また、それが恩賞充行・守護職補任であった理由は何だったのだろうか。

尊氏が行政機能の一部を保持した理由については、やはり南朝との戦争が継続している状況が大きかったと考えられる。充行・安堵・裁許などの膨大な業務を直義一人ですべてこなすのは不可能であった。少し前に足利氏が滅ぼした建武政権が、膨大な提訴を処理しきれずに機能不全を起こし、『二条河原落書《にじょうがわらのらくしょ》』で「此頃《このごろ》都ニハヤル物、夜討《ようち》、強盗、謀綸旨《にせりんじ》、（中略）本領《ほんりょう》ハナルル訴訟人」などと風刺されたのも有名な史実であろう。

北朝が発足したわずか二日後の建武三年（一三三六）八月一七日、尊氏が京都の清水寺《きよみずでら》に願文《がんもん》を奉納して出家・遁世《とんせい》を希望したことは著名な史実である（常盤山《ときわやま》文庫文書）。だが、彼が本気で引退を望んだとしても、周囲がそれを許さなかったのは右の事情によるものであろう。

結論を先に述べれば、実はこうした初期室町幕府の「権限分割」は、建武政権が試みた「実験」を参考にしたと考えられる。

建武政権では、発足当初はすべての命令を後醍醐天皇の綸旨《りんじ》（天皇側近の貴族が、天皇の意思を奉じて伝達する文書）で行っていた。いわゆる「綸旨万能主義」であるが、近年はこれも後醍醐が当初から意図していたことではなく、政権の諸機構を整備するまでの過渡的な形態であったとする見解が有力である。

　そして、建武元年五月、武士に対する所領安堵の権限が天皇から雑訴決断所《ざっそけつだんしょ》に移行した。雑訴決断所とは、建武政権において所務沙汰を行った機関で、幕府における引付方に相当する。つまり、この段階での決断所は、幕府における安堵方の機能も併せ持ったことになる。以降の綸旨の内容は、大半が武士に対する恩賞充行と寺社に対する寄進・安堵となった。

　さらに同年八月、決断所は四番制から八番制に拡充された。それ以降、決断所は所務沙汰以外にも検断《けんだん》沙汰（刑事訴訟）や雑務《ざつむ》沙汰（動産訴訟）なども行った。

　こうした後期の建武政権の体制が、初期室町幕府の体制と酷似していることは容易に看取できるであろう。すなわち、後醍醐＝尊氏、雑訴決断所＝直義とみなせよう。初期室町幕府の三条殿体制が、建武政権での試行錯誤を経て完成した権限分掌体制の影響を強く受けていたのは間違いない。

古い秩序を維持するか、新しい秩序を創造するか

　それではなぜ、建武政権では後醍醐が恩賞充行を担当し、決断所がそれ以外のすべての権限を行使したのであろうか。
　後醍醐―尊氏が行使した恩賞充行権は、既存の所領秩序を変更し、新しい秩序を創造する機能とみなせる。換言すれば、変革を担う役割である。

一方、雑訴決断所―直義が行使した所領安堵や所務沙汰などの権限は、既存の所領秩序を維持する機能である。言わば、保全である。軍事指揮や警察活動も、「既存の秩序の破壊を目論《もくろ》む反乱や犯罪を鎮圧し、あるべき姿に秩序を戻す」と考えれば、保全の機能に分類できるであろう。

官途推挙については、この時代の朝廷の官位や官職は基本的に代々同じ家が同じものを相伝するのが普通であった。また、朝廷の行事や造営事業あるいは寺社の修造などに際して、費用を納めたり造営を請け負った褒賞として希望の官職に任命する制度であった。このシステムを「成功《じょうごう》」といって、直義期の幕府もこれを踏襲した。よって、保全と見ておきたい。祈願寺も将軍家の安泰を祈る点では保全であるし、院宣一見状も多くは寺社・公家領の安堵であったから、そう分類してよいのではないか。

創造と保全はすべての政治権力が必ず持つ要素である。味方からの広範な支持を必要とする新政権においては、創造の要素が特に重視される。他方、政権基盤が確立した政権では、保全の要素が重要となってくる。建武政権と初期室町幕府は、創造機能と保全機能がかなり明確に分離した政権だったのである。

以上、初期室町幕府の体制が建武政権の影響を強く受けていたことを論じたが、定説では初期室町幕府は鎌倉幕府、特に西国統治機関であった六波羅《ろくはら》探題の体制を踏襲していたとされており、この見解ももちろん妥当である。

特に直義が行使した所領安堵や所務沙汰などの手続きは、鎌倉幕府の体制をそのまま継承している。評定・引付方などの諸機構も、前代の模倣である。寺社本所の権益擁護や伝統的な御家人体制の維持といった政策も共通している。

総体的に見た場合、やはり初期の室町幕府は先代鎌倉幕府の体制を模倣しており、室町幕府独自の政治構造の創出にはいたっていなかったと言える。

3　高師直の役割――尊氏・直義共通の執事

高一族の略歴

初期の室町幕府を語る際、将軍尊氏・三条殿直義は必ず言及される武将である。だが、この兄弟以外に欠かせない人物が、幕府初代執事高師直《こうのもろなお》である。師直の一族は、室町幕府樹立にいたるまでにどんな歴史を有しているのか。

高師直の先祖は、天武《てんむ》天皇とされている。天武の孫長屋王《ながやおう》の玄孫である峯緒王《みねおおう》が、承和《じょうわ》一一年（八四四）に高階真人《たかしなのまひと》という氏姓《しせい》を賜って臣籍降下した。正暦《しょうりゃく》二年（九九一）、高階成忠《なりただ》が姓《かばね》を真人から朝臣《あそん》に改めた。

成忠の弟敏忠《としただ》の曽孫惟孝《これたか》（章《あき》）の母が、源 頼義《みなもとのよりよし》の妹とされ、惟孝の子惟頼《これより》から武士として清和《せいわ》源氏に臣従したと系図には記される。惟頼は、実は源義家《よしいえ》の四男であったとする所伝も

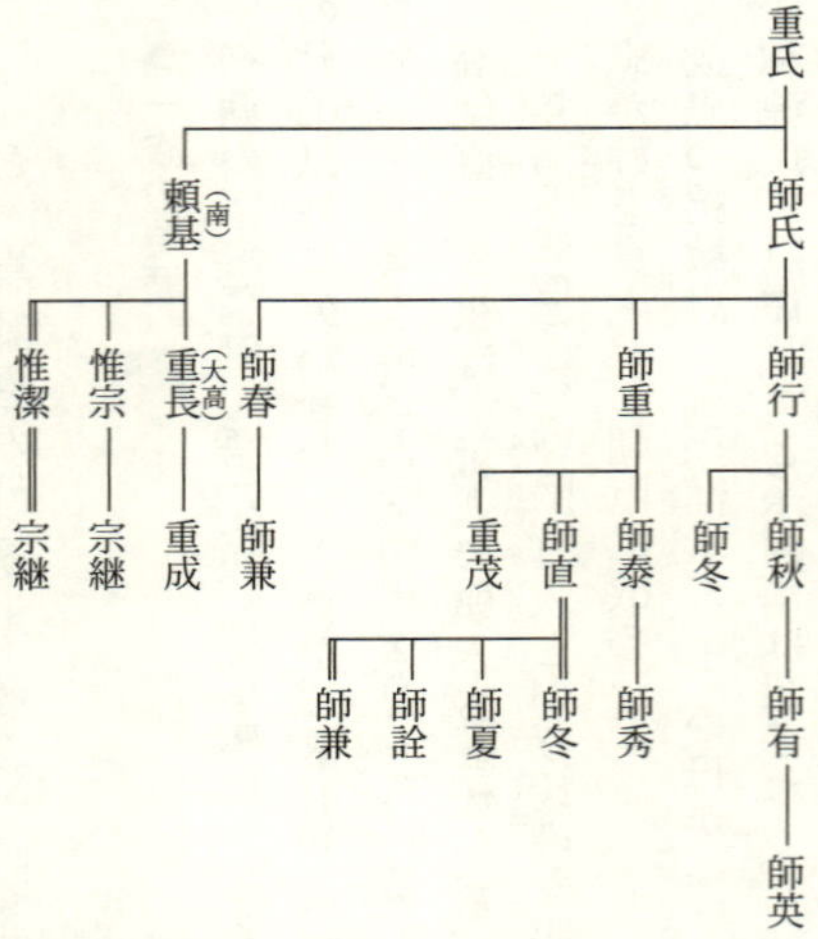

高一族略系図

存在する。

惟頼の子惟貞《これさだ》（真）から源義家—義国《よしくに》父子の執事となり、以降代々足利氏の執事を務めたとされる。ただし、それが一次史料から確実に論証できるのは師直の曾祖父重氏《しげうじ》からである。鎌倉時代後期の高一族嫡流は、足利氏執事として同氏の家政機関を管轄し、奉書《ほうしょ》（主君の命令を伝達する文書）や裁許下知状を発給し、文筆官僚として活躍した。南《みなみ》氏・大高《だいこう》氏などの庶流も栄え、鎌倉末期には数の上では主君の足利一門を凌駕《りょうが》していたようである。

高一族のような譜代の家人（根本被官《こんぽんひかん》）を、「御内《みうち》」と称した。特に北条得宗家で譜代の家人は「御内人」と呼ばれ、当初は得宗家の家政運営に従事するだけだったが、得宗専制の進展とともに幕政にも進出し、大きな権勢を誇った。御内人のトップで「内管領《ないかんれい》」と呼ばれる役職にあった平頼綱《たいらのよりつな》や長崎高資《ながさきたかすけ》はよく知られている。つまり、高一族嫡流は、足利氏における内管領のような立場にあったのである。

高師直の生年や幼少時の詳細は、一切不明である。元弘《げんこう》三年（一三三三）の鎌倉幕府滅亡直前に、父師重《もろしげ》から執事職を譲り受けた模様である。

建武政権下では、建武元年（一三三四）八月の雑訴決断所の四番制から八番制への拡充に伴って、三番に職員として参加した。さらに、後醍醐天皇が自ら出席する重要機関である窪《くぼ》所《どころ》にも所属し、武者所《むしゃどころ》としても建武二年六月、北条時行と通じた権大納言《ごんのだいなごん》西園寺公宗《さいおんじきんむね》の後醍醐暗殺計画に加担した者たちを楠木正成とともに逮捕している。

師直の権限

その直後に勃発した中先代の乱や、それに続く主君足利尊氏の建武政権との戦争でも、師直は当然主君に従って全国各地を転戦し、室町幕府樹立に貢献した。幕府発足後は、執事として広範な権限を行使する。

第一に、師直は恩賞方の頭人として、尊氏の恩賞充行袖判下文の発給に携わった。

第二に師直は、引付方の頭人も兼任した。引付方は、裁許下知状発給にいたる理非糺明の訴訟を行うだけではなく、訴人の提訴に基づき論人の係争地占有を停止し、訴人に係争地を実効支配させる命令も諸国の守護に対して発した。この強制執行の手続きを当時の用語で「沙汰付《さたしつけ》」あるいは「遵行《じゅんぎょう》」といったが、師直は引付頭人としてこうした奉書も発したのである。なお引付頭人奉書は、前述の所務沙汰の分類で言えば一方的裁許に区分されるが、

騎馬武者像（京都国立博物館蔵）。高師直を描いたものではないかとする説がある

発給後に論人が異議を申し立てれば理非糺明の訴訟に移行する余地が、少なくとも制度としては整備されていた。

第三に師直は、初期には北朝との交渉も担当した。交渉のあり方もさまざまであったが、制度的にもっとも重要であったと思われるのは、院宣の執行である。

北朝では、光厳上皇が院政を行い、院宣と呼ばれる文書で命令を発した。院宣の内容も多種多様だが、押妨《おうぼう》停止・下地《したじ》沙汰付命令も発している。これは室町幕府の引付頭人奉書に類似するが、この種の院宣は、上皇側近の貴族が書状を出して幕府に遵行を依頼することがあった。そして師直は、北朝の遵行依頼を受理したのである。

依頼を受理した幕府では、原則として引付頭人奉書によって諸国の守護に院宣の執行を命じた。前述の直義発給の院宣一見状も院宣に基づいて発給される点ではこのシステムに似ているが、単に院宣の存在を直義が認知した事実を拝領者に伝達するのみで、強制執行の要素が存在しない点が異なる。

第四に、暦応《りやくおう》二年（一三三九）八月一六日に後醍醐天皇が崩御《ほうぎょ》したことを承《う》けて、北朝と室町幕府は後醍醐の冥福《めいふく》を祈るために天龍寺《てんりゆうじ》の造営事業を開始したが、師直はその奉行人の一人に選ばれている（『天龍寺造営記』）。

第五に、軍事面で師直が初期に果たした勲功として顕著なのは、南朝の北畠顕家との死闘を制したことである。建武二年（一三三五）一二月に続き、顕家は建武四年八月に奥州から二度目の遠征を開始した。建武五年二月二八日、師直軍は大和国奈良般若坂《はんにゃざか》で顕家軍を迎撃して破った。三月一六日には、摂津国天王寺《てんのうじ》・阿倍野《あべの》で顕家軍を連続撃破し、五月二二日、和泉国《いずみ》堺浦《さかいうら》の戦いでついに顕家を討ち取った。一度は尊氏を九州まで追い落としたほどの武将を打倒したことにより、幕府の基礎は固まり、師直の評価も上昇した。

右に見たように、師直が行使した権限は多岐にわたる。通常、彼は将軍尊氏の執事とされておりもちろんそのとおりなのだが、同時に三条殿直義の執事でもあったと筆者は考えている。

その根拠は、たとえば師直が引付頭人であったことを挙げられる。前述したように、引付方は直義が管轄した機関である。また直義は寺社参詣《さんけい》を頻繁に行ったが、執事師直が諸大名を率いて供奉《ぐぶ》するのが原則であった。天龍寺の造営も、資金調達のために天龍寺船を元《げん》に派遣するなど主導したのは直義であるので、師直は主に直義の指揮下で事業に携わったと考えられる。北畠顕家との戦争も、前述のごとく当時軍事指揮権を掌握していたのは直義であるので、前線で直接軍勢を指揮したのは師直だとしても、究極的には京都の直義の指令に従っていたと言えるであろう。

細かいところでは、貞和二年（一三四六）一二月二九日、直義は夢のお告げによって鏡一面を御神体として京都の六条八幡宮に奉納したが、鏡購入の費用一万疋《びき》調達のために師直が太刀・刀を提供している（『賢俊僧正《けんしゅんそうじょう》日記』）。この師直の行動も、彼が直義の執事だったからと解釈するよりほかはない。

再三述べるように、足利直義は兄の将軍尊氏から政務を委任された幕府の最高指導者三条殿であった。執事である師直が直義に仕えていなかったとする方が不自然なのである。なお師直は、建武三年から翌四年にかけて上総《かずさ》守護を務めている。

執事施行状

だが、執事高師直にとってもっとも重要であった権限は、執事施行状の発給であったと筆者は考えている。執事施行状とは、将軍足利尊氏の恩賞充行袖判下文の沙汰付を諸国の守護に命じる文書である。現存する師直発給文書でもっとも多く残存しているのがこの執事施行状で、およそ半数近くを占める。文書様式は、鎌倉幕府で執権・連署が発給した奉書を踏襲していた。

先代鎌倉幕府も、将軍が袖判下文や政所《まんどころ》下文によって恩賞充行を行ったが、執事施行状のような文書はなかった。厳密に言えば、西国の所領に対して出された下文や下知状には、六波羅探題などによる施行状が発給された。だが、それは下文・下知状の内容を拝領者に伝達するだけで、守護に強制執行を命じる機能はない。鎌倉期においては、下文や下知状は拝領者の自助努力によって実現すべき原則であった。

沙汰付を命じるタイプの施行状は、基本的に武家政権では室町幕府になって初めて登場した。つまり、観応の擾乱以前における室町幕府において、執事施行状は鎌倉幕府ともっとも相違していた文書であり制度であったとみなせる。

機能面で、執事施行状の直接のお手本となったのは、建武政権の雑訴決断所による後醍醐天皇綸旨の施行状であった。建武政権発足直後から大量の訴人が京都にやってきて恩賞や安堵を要求したために、矛盾する内容の綸旨が大量に発給され、新政が大混乱に陥ったことはよく知られている。綸旨拝領者の力量が弱小だと、自助努力では綸旨を実現できない場合もあった。また、綸旨の偽物も横行した。

そうした事態に対処するため、やがて決断所が発給する「牒《ちょう》」と呼ばれる形式の文書で綸旨の沙汰付が諸国の国司《こくし》・守護に命じられるようになった。そして建武元年（一三三四）五月の決断所拡充以降、牒による綸旨施行が制度として確立し、綸旨を所持していても牒を獲得しなければ国司・守護も綸旨を沙汰付できない体制となった。競合する綸旨を、簡単な再チェックによって整理して執行力を付与する。これが決断所牒の重要な役割だったのである。

前述したように、高師直は決断所に職員として参入していた。当然、この制度は知っていたに違いない。そして足利尊氏の挙兵直前あたりから、後醍醐の綸旨と同様の状況にあった下文の実効性を強化するために、決断所牒を模倣して尊氏の袖判下文の沙汰付命令を武家様式の文書で発給しはじめた。これが、執事施行状の由来である。

内乱に勝利して幕府の政権基盤を固めるために、将軍の恩賞充行を広範かつ円滑に遂行して利益を与え、諸国の武士の支持を集める。執事施行状は、発足当初の室町幕府にとって必要不可欠な文書であったと考えられる。

執事施行状の重要性をうかがえる史料としては、『庭訓往来《ていきんおうらい》』が挙げられる。これは南北朝期に成立した庶民向けの初等教科書として著名なもので、執事施行状はここにも挙げられている。つまり執事施行状は、中世人が身分を問わずに知っておくべき必須の知識だったと思われる。

なお、直義の所領安堵下文には、基本的に施行状は発給されなかった。所領安堵は拝領者がすでに実効支配を達成している所領に出されるのが一般的であったので、施行状で沙汰付を命じる必要がなかったからである。だが鎌倉幕府の執権政治を理想とする直義が、鎌倉幕府には存在しなかった沙汰付型の施行状を好まなかった要素も大きかったようである。

仁政方

下文の沙汰付以外にも、師直は多種多様な命令を奉書形式の文書で発した。執事施行状も含めて、こうした執事が発給した奉書を執事奉書と総称する。

執事奉書を発給した機関は、暦応四年（一三四一）一〇月三日制定室町幕府追加法第七条などを根拠に、仁政方《じんせいかた》であったと筆者は推定している。後年ではあるが、管領細川頼之期に仁政方での審議を経て管領奉書が発給されていることも、その有力な傍証だと考えている。

また、仁政方の人的構成が恩賞方とほぼ一致していることが、管領斯波義将《しばよしゆき》期の史料により確認できる。これは、仁政方が恩賞方を基盤として形成されたことを示すと考えられる。前述のとおり、師直は恩賞頭人として尊氏下文の発給業務に従事していた。その下文の実現を命じる施行状を発給するにあたって、自らが管轄していた恩賞方を母体としたと推定できるのである。

執事奉書の発給機関が仁政方と名づけられた理由は何であろうか。幕府の組織も多数存在するが、「仁政」などという仰々しい名称がつけられた機関は、後にも先にもこれしか存在しない。筆者は、これも尊氏が直義に政務を委任していた事情を反映していると考えている。

当時、あくまでも建前は直義が一元的に政務を取り仕切り、恩賞充行と守護職補任を例外として尊氏は介入しない体制であった。しかし、現実には恩賞充行以外にも将軍である尊氏が登場せざるを得ない場面も出てくる。

そうした場合、執事師直が将軍尊氏の意思を承けて奉書を発給した。それを審議した場も恩賞方であったわけだが、「将軍がわざわざ執事を介して意思を表明するのは、滅多にないめぐみ深いありがたい政治である」という意味で、その場を特別に仁政方と称したのだと考える。

なお、執事施行状も初期には完全には制度化しておらず、下文拝領者の申請に応じて臨時に発給される文書であった模様である。本来は下文拝領者の自助努力で実現すべき尊氏下文に対して、守護の援護を命じる施行状の発給も仁政であるとみなされたのであろう。

ところで、山本康司氏は右の私見を批判し、仁政方とは重要な案件について将軍が直接理非糺明を行った機関であったと主張する。引付方では、理非糺明は頭人が奉行人を指揮して行い、将軍（あるいは直義）はそれに基づいて作成された下知状の草案を見て、評定で裁可を下すのみである。これに対して、仁政方ではその上部組織である仁政沙汰において将軍が直接理非糺明を担当するのだという（「南北朝期室町幕府の恩賞方と仁政方」）。

右の山本氏の批判については、すでに反論を公表しているので詳細はそちらに譲る。要点を述べれば、将軍が仁政沙汰で直接理非糺明を行っていることを論証する史料が皆無であるなどの理由から、山本説は成立しないと考えている（「仁政方再論」）。

だが本書で注目したいのは、山本氏が理非糺明を「仁政」であると考えていることである。山本氏に限らず、理非糺明の訴訟を一方的裁許よりも上位に位置づけ、進歩・発展と無条件にみなす風潮が日本中世史研究者には根強く存在している。

この点については、すでに一九九〇年代に新田一郎氏が批判的に指摘しているが（「中世「裁判」の「理念」をめぐって」）、なお定説の影響が強く残存している。だが、訴人・論人双方の主張を聴いて判決を下す訴訟は、果たして本当に訴人の提訴のみに基づく判決よりも進歩的で優れていたのであろうか。この問題については、後ほどもう一度詳しく検討してみたい。

縮小する師直の権限

室町幕府発足当初から尊氏・直義兄弟をよく支え、政治や軍事に大いに貢献していた執事高師直は、北畠顕家を打倒したあたりから、大した失策もないのになぜか権限が縮小しはじめる。

たとえば建武五年（一三三八）頃、師直は引付頭人を解任されている。また貞和年間（一三四五〜五〇）には、院宣の遵行依頼の宛先も師直から足利直義に変わった。上総守護も、暦応以降は在任した形跡が見られない。

何より暦応四年（一三四一）一〇月、執事施行状の発給が停止され、尊氏下文を施行する機関が引付方に変更されたことは注目に値する（前掲幕府追加法第七条）。

前述のように、鎌倉幕府では沙汰付を命じるタイプの施行状はほとんど発給されなかったし、執事施行状も臨時に発給される文書で、南朝との戦いに勝利するための戦時の非常手段としての側面が強かった。室町幕府の優位が確立しつつある戦況下で、理想とする鎌倉幕府の体制に戻し、自己の管轄下にある引付方で尊氏下文の執行の可否を慎重に審議する。直義がそう考えた形跡がうかがえるのである。

直義と師直は本当に対立していたのか？

こうした直義の動きに対し、師直は反発して執事施行状の発給を継続した。暦応から康永《こうえい》年間にかけて、両者の対立を裏づける史料が散見する。この定説を筆者も支持していた。しかし現在は、この対立を強調するのは適切ではないと考えるようになっている。

直義・師直不和の兆候として古くから挙げられてきたのが、直義の病気見舞いを禁止した暦応五年（一三四二）二月五日付執事高師直奉書である（薩摩島津家文書《さつましまづけもんじょ》）。また師直は、康永三年（一三四四）一二月一二日にも、火災に遭った三条殿を見舞うことを禁じる奉書を発給している（同文書）。しかし、これは戦時でないにもかかわらず大勢の武士が京都に集結することによる混乱の防止が主な目的であったようである。なぜなら、直義が病に伏した前月に師直も面会謝絶となるほどの重病に罹ったのだが、見舞いに訪れる者やその軍勢が洛中に殺到して大騒動が起こったからである（『中院一品記《なかのいんいっぽんき》』）。師直の命令は、その教訓を踏まえた対策だったと思われる。

康永二年五月二四日、師直の父師重が死去した。師直は臨済宗《りんざいしゅう》の高僧虎関師錬《こかんしれん》に追悼文の朗読を依頼したが、断られている。その理由の一つに、師直が将軍尊氏の命令に従わなかったことが挙げられており、これも不和の兆候と指摘されることがある。

だが、この典拠である『海蔵和尚紀年録《かいぞうおしょうきねんろく》』は、貞和二年（一三四六）に死去した虎関師錬の事績《じせき》を記した年譜である。つまり、直義と師直の対立が激化した時期に編纂《へんさん》された記録であり、その結果を遡及《そきゅう》させた可能性を排除できない。またこの史料は師重の死を康永三年と誤っており、死去したのを父ではなく母であるとするテキストも存在し、少なくともこの問題に関しては実証的にいまひとつ信用できない。

両者の対立の根拠としてもっとも有名なのは、当時関東地方で幕府軍と戦っていた南朝の総帥北畠親房《ちかふさ》が、「京都に居座る逆賊どものやり方は、もってのほかであると聞きます。直義と師直の不和も、すでに長期間に及んでいるとのことです。彼らの滅亡も、もうすぐでしょう」と述べた書状である（陸奥相楽《さがら》文書）。幕府の内紛は、はるか遠く離れた東国の敵に知られるまでに深刻化していたように見える。

しかし、これも親房が南朝への勧誘を武士に工作する際の発言であることを踏まえれば、幕府の問題を誇張して喧伝《けんでん》した可能性が高い。

さらに別の例も見よう。室町幕府は鎌倉府なる関東地方統治機関を設置していた。当時の鎌倉府は、将軍尊氏の嫡子義詮をリーダーとして、高師冬《もろふゆ》（師直の従兄弟《いとこ》にして猶子《ゆうし》。猶子とは、相続権をもたない養子とされるが、実際には厳密な区別はない）と上杉憲顕《うえすぎのりあき》（尊氏・直義兄弟の従兄弟）が関東執事としてこれを補佐し、南朝軍と対峙していた。

ところが暦応四年三月頃の戦況は幕府に不利で、師直を「東国管領」として派遣する構想が真剣に議論されていたらしい（松平基則氏所蔵結城《ゆうき》文書）。とすれば、尊氏下文の施行を仁政方から引付方に移管する幕府追加法も、執事が京都からいなくなるために権限を調整したものだった可能性がある（追加法を三月制定とするテキストも存在する）。内紛どころか、直義・師直両者の連携さえうかがえる。

結局、暦応〜康永頃の幕府における直義と師直が対立していたとしても、この段階においてはまだそれほど深刻ではなかったと思われるのである。古今東西どこにでもある人間関係の齟齬《そご》であり、まだまだ妥協や和解が可能な状況であったとみなした方がよさそうである。

安定し、軌道に乗る幕政

直義と師直に対立があったにせよ、一定の妥協は成立しており、初期の幕政も安定して軌道に乗ったと評価できる。

建武五年（一三三八）五月に師直によって北畠顕家が討たれたが、同年閏七月には新田義貞も越前国で戦死した。これを大きな契機として、尊氏が征夷大将軍、直義が左兵衛督に任命されたこともすでに述べた。

暦応二年（一三三九）八月一六日、後醍醐天皇が崩御した。皇太子義良《のりよし》親王が即位して後《ご》村上《むらかみ》天皇となって後を継いだが、南朝にとって後醍醐の死が大きな打撃であったことは間違いない。

関東戦線は苦戦していたが、関東執事高師冬は康永二年（一三四三）一一月に南朝方の常陸《ひたち》国関《せき》城・大宝《だいほう》城を陥落させ、北畠親房を吉野へ追い払った。師直の東国下向も結局は中止され、執事施行状の発給も継続した。

翌康永三年三月、幕府はそれまでの五方制引付方を改め、三方制内談方《ないだんかた》を発足させた。引付方が五つの部局で構成されていたのに対し、内談方は三部局編成だったので「三方制」と呼ばれる。この改革は直義の親裁権を強化したものと評価されているが、この内談方の頭人に、師直が上杉朝定《ともさだ》・同重能《しげよし》とともに就任した（以上、白河結城家文書）。暦応以来、縮小され続けてきた師直の権限であるが、この段階で復調がみられるのである。

上杉氏は尊氏・直義兄弟の実母である上杉清子《きよこ》の実家で、将軍の近親として尊氏兄弟に仕えていた。観応の擾乱に際して、上杉氏は直義に従っている（以下、擾乱に際して尊氏―師直に味方した武将を「尊氏―師直派」あるいは「尊氏派」、直義についた武将を「直義派」と称する）。特に重能は直義との関係が深く、彼の執事とみなされることもある。

しかし後述するように、朝定が直義派の旗幟《きし》を鮮明にしたのはかなり遅い。その他の動向を見ても、むしろ中間派と見るべきではないかと考える。重能も、暦応元年一二月に幕府への出仕を一時停止され（出羽《でわ》上杉家文書）、貞和二年（一三四六）四月にも雑務への口入《くにゅう》を禁止されるなど、一貫して直義と緊密な関係にあったのかは再検討の余地がある。

康永三年九月二三日には直義は従三位《じゅさんみ》に昇進し、公卿《くぎょう》に列した。この頃から直義の下文の様式が変化し、袖判下文となった。少なくとも様式上は、兄尊氏の袖判下文と同格となったのである。裁許下知状も、武士同士の相論《そうろん》を扱った案件については袖判となった。

翌康永四年八月二九日には、天龍寺の落慶供養《らっけいくよう》が盛大に開催された。この儀式には将軍尊氏・三条殿直義・執事師直以下要人が多数参加し、まさに安定した直義執政期の幕府を彩る一大イベントとなった（白河結城家文書など）。

戦乱は終息し、名実ともに幕府の覇権が確立した。政策の重心は、戦没者慰霊や訴訟による所領の整理といった戦後処理に移行した。少なくとも表面上はそうみえる。三条殿直義は、安国寺《あんこくじ》・利生塔《りしょうとう》の建立、和歌や『夢中問答集《むちゅうもんどうしゅう》』の刊行といった文化事業、北朝光厳上皇と提携した徳政《とくせい》などの広範な政策を展開する。天皇が同時期に二人存在する異常な状況もあと数年で終了すると、多くの人々が予想していたのではないだろうか。なお、貞和二年頃から師直は武蔵《むさし》守護に就任し、草創段階の幕府で持っていた権力をまたしても回復している。

如意王の誕生と『太平記』

貞和三年（一三四七）六月八日、直義に男児が誕生して如意王《にょいおう》と命名された。直義夫妻は当時ともに四一歳（数え年。以下同様）で、待望の実子誕生であった。近年、如意王誕生を契機として直義が野心を抱いたのが、観応の擾乱の大きな原因であったとする説が提起されている。

南北朝時代の政治史は、『太平記』の歴史認識の影響が非常に強い。『太平記』の作者については不明だが、室町幕府草創を語る「正史」として南北朝後期まで継続的に整備・編纂されたとする見解が一九九〇年代に出され、現在有力である。

しかし、その割には室町幕府の諸将の描かれ方はあまりよくない。師直が悪人として描写されているのは有名だが、直義も目的のためには手段を選ばない狡猾《こうかつ》な人物と辛辣《しんらつ》な評価を下されている。初期の直義主導の体制も影響して、尊氏の影も薄い。

そのためかつては、建武政権―南朝寄りの軍記物とする評価が一般的であった。もっとも、同記の建武政権に対する評価もさんざんである。ともあれ室町幕府の「正史」だとすると、全体的に見て、足利氏は決して自己を美化することはなく、比較的客観的・公平な態度に終始しているという印象である。しかしながら、史実としては再検討すべき論点も当然多い。

こうした、如意王誕生が観応の擾乱の原因であるとする新説も、実は『太平記』史観の影響を受けている。同記は、かつて中先代の乱の際、直義が殺害した大塔宮《おおとうのみや》護良《もりよし》親王の転生した姿が如意王であり、擾乱は後醍醐天皇の側近たちの怨霊《おんりょう》が高師直らの心に乗り移って起こしたものだとする荒唐無稽《こうとうむけい》な話を載せる。

しかし、当時の直義は三条殿として幕政を安定的に主導しており、わざわざこれ以上の冒険を行う必然性はまったく存在しなかった。唯一その可能性があるとすれば、如意王を将軍にしようと考えた場合であるが、後述するように擾乱の際、直義は尊氏に対しては一貫して無気力な態度に終始しており、筆者は如意王誕生を擾乱の原因とする説には従えない。

第2章　観応の擾乱への道

1　四条畷の戦い――師直と小楠公《しょうなんこう》楠木正行の死闘

楠木正行の挙兵

貞和三年（一三四七）八月、楠木正成の遺児正行が河内国で南朝方として挙兵し、摂津国へ進出して焼き討ちなどを敢行した。これに対して幕府は、河内・和泉・讃岐《さぬき》守護細川顕氏《あきうじ》を大将とする討伐軍を派遣した。しかし顕氏軍は、九月一七日の河内国藤井寺《ふじいでら》合戦などで正行軍に大敗を喫する。

そこで幕府は、丹波《たんば》・丹後《たんご》・伯耆《ほうき》・隠岐《おき》守護山名時氏《ときうじ》の軍勢を援軍として送った。しかし一一月二六日、顕氏以下の幕府軍はわずか一日の戦いで正行軍に摂津国瓜生野《うりゅうの》・阿倍野・渡《わた》辺橋《なべばし》と連戦連敗した。顕氏は京都に逃げ帰り、時氏の弟兼義《かねよし》以下三人が戦死し、時氏父子も負傷する惨敗であった。

細川顕氏と山名時氏

戦乱がほぼ終息し、安定した幕政を運営していた幕府にとって、これらの大敗がまさに青天の霹靂《へきれき》であったことは、容易に想像できる。ここで、後に観応の擾乱の重要プレイヤーとなる細川顕氏と山名時氏について、簡単に紹介したい。

細川氏は、足利一門に属する。山名氏は新田氏の庶流であるが、新田氏も足利一門であったとする見解が最近提起されており、それに従えば山名氏も足利一門の武士である。

細川顕氏の評価は、楠木正行に大敗したことや後に将軍尊氏に面会を拒否された逸話があること、また観応の擾乱に際して変節を繰り返したことから芳しくない。

しかし擾乱以前の幕府では、顕氏はエース中のエースであった。一人で三ヵ国以上の守護を兼ねたのは、その時期だと上杉憲顕・山名時氏・少弐頼尚《しょうによりひさ》、そして顕氏の従兄弟細川頼《より》春《はる》しか存在しない。細川氏全体では、実に七ヵ国もの守護職をすでに保有していた。

さらに顕氏は、侍所頭人にもかなり長期間在職した。もちろん、幕府草創時からの軍事面での功績が顕著だったからであろう。なかでも注目すべきは、建武五年（一三三八）五月二二日の和泉国堺浦で南朝の北畠顕家を討ち取った戦いにおいて、上杉清子（尊氏・直義兄弟の実母）から執事高師直と並んで勲功を称賛されている点だ（出羽上杉家文書）。初期の幕府では、細川顕氏は師直に匹敵するほどの高い評価を受けていた武将なのである。

山名時氏も、歴戦の勇将であった。彼もまた勲功を積み重ね、四ヵ国もの守護を兼ねていた。さらに若狭《わかさ》・出雲《いずも》の守護や侍所頭人を務めた経験もある。

こうした武将たちが、若年の正行に連戦連敗したのだ。幕府軍の兵力も九月の戦いの際は三〇〇〇騎、一一月は六〇〇〇騎と伝えられており、決して少なくなかった。三条殿直義以下、幕府首脳部が抱いた危機感は、相当なものであったはずだ。かつて正行の父正成が寡兵で強大な鎌倉幕府の大軍を相手に奮闘し、滅亡のきっかけを作った故事も彼らの脳裏をよぎったに違いない。

師直・師泰兄弟の出陣

幕府は細川顕氏の河内・和泉守護を罷免して敗戦の責任を取らせ、高師泰《もろやす》（師直の兄。弟説もある）に交代させた。土佐《とさ》守護も、細川皇海《こうかい》（顕氏弟）から高定信《じょうしん》（師直従兄弟）に交代した模様である。

一二月一四日、高師泰軍三〇〇〇騎あまりが出陣した。『太平記』によれば、これに四国・中国・東山・東海の諸道二〇ヵ国あまりの軍勢が加わり、二万騎あまりに達したといわれる。師泰軍は、いったん山城《やましろ》国淀《よど》にとどまった。

高師泰も、幕府きっての武闘派の武将である。幕府草創期から日本全国を転戦して、軍事的に幕府に貢献してきた。建武の戦乱では、足利直義の副将軍を務めていたことが注目される。建武四年（一三三七）三月六日には越前国金ケ崎《かながさき》城を陥落させ、後醍醐天皇皇子尊良《たかよし》親王と新田義顕（義貞の子）を自殺させ、後醍醐皇太子恒良親王を捕らえる顕著な勲功を挙げている。

しかし暦応二年（一三三九）から翌三年にかけて遠江国に遠征し、同国守護仁木義長《にっきよしなが》を支援して宗良親王《むねよし》（後醍醐皇子）と戦って以降は、さすがの師泰も戦線から遠ざかっており、七年ぶりの出陣であった。幕政が安定していたことが、ここからもうかがえる。

話を戻すと、師泰に続いて執事高師直が総大将として、同月二六日に出陣した（日付は諸説ある）。兵力は師直の本隊が七〇〇〇騎あまりで、こちらも諸国の軍勢が集結して六万騎あまりとなった。師泰と合わせて八万騎を超える。『太平記』の誇張もあるだろうが、幕府の総力を結集した大軍であったことは間違いない。ちなみに山城国醍醐寺《だいごじ》僧清浄光院房玄《せいじょうこういんぼうげん》は、自身の日記『房玄法印記《ほういん》』で師直軍を一万騎あまりとしている。師直軍は山城国石清水《いわしみず》八幡宮（八幡《やわた》）に滞留し、ここで年を越している。なお、師直も建武五年の対北畠顕家戦以来、九年ぶりの出陣であった。

死闘

年が明けた貞和四年（一三四八）正月二日、まず高師泰軍が淀を出発し、和泉国堺浦に布陣した。高師直軍は、河内国四条畷に本陣を敷いた。

これに対して、楠木正行は堺浦の師泰は無視し、四条畷の師直と決着をつけることにした。

楠木正行墓所（大阪府四條畷市）

正月五日早朝、兵力で圧倒的に劣る楠木軍は、戦場の東に位置する飯盛山《いいもりやま》周辺に展開する白旗一揆《しらはたいっき》・大旗一揆などの師直軍を中納言四条隆資《しじょうたかすけ》率いる別働隊（和泉・紀伊《きい》両国の野伏《のぶし》二万人あまりと伝える）で牽制《けんせい》し、正行本軍が精兵三〇〇〇騎あまりで師直本陣を急襲し、総大将の師直を討ち取る作戦を敢行した。

当時の四条畷周辺は、古代の河内湖の名残で低湿地が多く、大軍では迅速な動きは不可能であったらしい。飯盛山方面から側面を突かれることを防ぎ、戦闘力が高い精鋭の軍勢で一気に襲えば、正行軍にも十分な勝機があった模様である。

正行の作戦は的中し、師直本陣は大混乱に陥った。このとき、上山六郎左衛門《うえやまろくろうざえもん》が師直の身代わりとなって戦死し、師直の窮地を救った著名な挿話もある。しかし大局的には多勢に無勢、わずか一日の戦闘で正行は敗北し、弟正時《まさとき》と刺し違えて自決した。

吉野陥落

勝利した師直軍は、その勢いで南朝の本拠地である吉野へ向かった。正月一五日には大和国平田荘《ひらたのしょう》に到達し、西《さい》大寺長老《だいじ》を仲介として南朝との講和交渉を行ったともされる。

最終的に後村上天皇は吉野の防衛を放棄し、奥地の賀名生《あのう》に退いた。無人の吉野に入城した師直軍は皇居以下南朝の施設をすべて焼き払い、翌二月一三日に京都に凱旋《がいせん》した。

総体的に見て、幕府を危機に陥れた楠木正行を短期間で滅ぼし、南朝の本拠地を壊滅させた師直の勲功が多大であったことは間違いない。

一方師泰は、四条畷の戦いの後に河内国石川河原《いしかわがわら》に進出して向城《むかいじろ》を設営した。ここは、楠木氏の本拠である千早《ちはや》城・赤坂《あかさか》城へ向かう登山口にあたる。師直の帰京後も師泰は石川城に駐屯し、正行の住宅を焼き払うなど南朝残党の掃討戦を展開している（筑後《ちくご》田代文書など）。

2　足利直冬の登場

直義の養子になる

このあたりで、足利尊氏の子であり、観応の擾乱のキーパーソンとなる足利直冬の経歴を紹介したい。足利直冬は、嘉暦《かりゃく》二年（一三二七）に誕生したと推定されている。母親は、越《えち》前局《ぜんのつぼね》とされる。

幼少期の直冬は、鎌倉の東勝寺《とうしょうじ》で僧をしていた。元弘三年（一三三三）五月に鎌倉幕府が滅亡した際、得宗北条高時以下一〇〇〇人以上が自害した場所である。

成長した直冬は還俗《げんぞく》して上京し、尊氏に子として認知してもらおうとした。しかし、尊氏は絶対にこれを認めなかった。仕方なく直冬は、独清軒玄恵《どくせいけんげんえ》法印という僧侶の許《もと》で侘《わ》び住まいをして勉強を続けた。

玄恵は、足利直義のブレーンの一人である。『建武式目』の起草者の一人として知られ、直義の命令で『太平記』の改訂作業も行った。玄恵は、直義に直冬を紹介した。そこで直義は、彼を養子として「直」の一字を与えて直冬と名乗らせた。その時期は不明だが、貞和年間（一三四五～五〇）の前半であることは間違いない。

紀伊遠征

河内国四条畷の戦いが高師直の圧勝で終わった後、紀伊国で南朝軍が蜂起《ほうき》した。直義は、養子直冬を紀伊に遠征させ、反乱を鎮圧させることにした。直冬の初陣である。

直義は光厳上皇の院宣を獲得し、直冬を従四位下《じゅしいげ》・左兵衛佐《さひょうえのすけ》に任命させ、諸国の武士に軍勢催促状を発給して出陣を命じた。貞和四年（一三四八）五月二八日、直冬は出陣した。まずは東寺《とうじ》に宿泊し、六月一八日に紀伊へ向けて進発した。直冬の遠征中も、直義は軍勢催促を行い続け、諸寺にも戦勝祈願の大般若経《だいはんにゃきょう》の転読《てんどく》を命じている。直冬を支援する直義の熱意を感じ取れる。

直冬軍は約三ヵ月間にわたって、紀伊の各地で南朝軍と戦った。特に八月八日・九日の合戦は、両軍ともに多数の死者を出す激戦であった。直冬軍は日高郡《ひだか》まで侵入し、戦略目標を一応達成して九月二八日に帰京した（以上、集古文書《しゅうこ》）。

直冬は、養父直義の期待に見事に応《こた》えた。しかし、実父尊氏はまったく喜ばなかった。ようやく渋々認知して尊氏邸への出仕は許したが、その扱いは仁木・細川といった家臣並みだった。

また執事高師直も主君である将軍尊氏に同調して、直冬を冷遇したらしい。後述するように、師直は義詮を尊氏の後継者にすることに晩年の政治生命をかけていた気配がある。観応の擾乱の主原因の一つである、直冬の問題がここに醸成されたのである。

尊氏が実子直冬をここまで嫌った理由については、尊氏の正妻赤橋登子《あかはしとうし》が直冬を忌み嫌ったなどの諸説あるが、史料的に裏づけることはできない。ともかく生理的に嫌っていたことは確かであるようだ。

「長門探題」として西国へ

貞和五年（一三四九）四月一一日、直冬は京都を発《た》ち、西国へ向かって出発した。その目的は、備後《びんご》・備中《びっちゅう》・安芸《あき》・周防《すおう》・長門《ながと》・出雲・因幡《いなば》・伯耆の中国地方八ヵ国を統治することであった。評定衆・奉行人や多数の軍勢も、彼に従った。

この直冬の立場を「長門探題」とする見解がある。長門探題とは、鎌倉幕府が蒙古《もうこ》襲来を契機として設置し、北条一門が就任した同名の機関である。直義は、先代の事例を踏襲し、直冬を介して西国に自派の勢力を拡大することを意図したらしい。直冬の下向は、結果的に観応の擾乱第一幕での直義派勝利に大きく貢献したが、それについては後述する。

3　幕府内部の不協和音

師直・師泰の専横

話を少し戻そう。『太平記』は、四条畷の後に高師直・師泰兄弟の専横がいっそう激しくなったとして、その悪行を列挙している。高師直を日本史上屈指の大悪人であるとする史観は現代なお根強く残存しているが、その史料的根拠はほぼすべて『太平記』である。

だが、別の機会に検討したことがあるが、『太平記』に列挙される師直兄弟の悪行は、ほとんど一次史料で裏づけがとれない。仮に史実であったとしても、豪邸を構えて多数の美女を愛人にしたという武将・政治家としての評価とは無関係な話であったり、お寺の九輪《くりん》を溶かして作った鑵子《かんす》で湯を沸かし、お茶にしておいしく飲んだといった笑い話の類が目立つ(『高師直』)。

これ以上の凶悪犯罪など、古今東西の歴史にはいくらでも存在しており、師直兄弟だけが大悪人呼ばわりされる筋合いは皆無である。むしろ極限まで悪意を持ってこの兄弟を見て、

聖徳太子廟（大阪府太子町）

ようやくこの程度の悪行しか挙げられなかったのかと筆者は感じる。ただし、次の二点は指摘しておきたい。

第一に、河内在陣中の師泰軍の態度が問題となったのは確かなようだ。貞和四年（一三四八）正月八日、師泰軍が石川城付近にある聖徳太子廟《しょうとくたいしびょう》の太子像を破損し、砂金を奪ったうえに太子廟を焼き払うという暴挙を行ったことを一次史料から確認できる。また、掃部寮《かもんりょう》領河内国大庭荘《おおばのしょう》を兵粮料《ひょうろうりょう》所《しょ》に指定して濫妨《らんぼう》（当時の訴訟用語で、年貢などを強奪すること）をはたらき、配下の軍勢に分配したこともある。さらに同年一一月一日、彦部七郎《ひこべしちろう》が山城国妙心寺《みょうしんじ》領河内国下仁和《しもにわ》寺荘《じのしょう》地頭職を侵略したことも確認できる（山城妙心寺文書）。彦部七郎は高一族庶流の武士で、このとき河内国内で師泰に従っていたと考えられる。

だが、師泰が兵粮料所を設定したのは河内・和泉守護としての立場に基づくものであり、軍事費を捻出《ねんしゅつ》する目的が大きく、単なる私利私欲のためではなかったと思われる。しかも兵粮料所の設定自体は合法的な守護の権限であり、師泰の料所設定が問題となったのも北朝・幕府の承認手続きを経なかった点であった。

加えて寺社本所領荘園の押領《おうりょう》や濫妨は、この時代の守護クラスの武将ならほとんど誰でも行っていたことである。否、師直兄弟によるこの手の悪行の所見は、むしろ他の武将と比較して非常に少ないほどである。

第二に、四条畷の圧勝を契機として、幕閣における師直の権勢が急上昇したことも確かである。『太平記』でも、かの有名な塩冶高貞《えんやたかさだ》の美人妻への横恋慕事件を除けば（ちなみにこれも史実ではないと筆者は考えている）、師直兄弟への批判はことごとく四条畷以降に集中しており、当時の公家や僧侶が書いた日記でも彼らへの言及が増えてくるのは四条畷以後である。

そして康永以降は収まっていた幕府内部の不協和音が目立ちはじめるのも、四条畷の戦いの後なのである。

大高重成の失脚

貞和四年（一三四八）六月頃、大高重成《だいこうしげなり》が将軍足利尊氏の怒りを買った。同月五日、幕府で評定が開催され、重成は所領をすべて没収された。重成が当時務めていた若狭守護も、この頃山名時氏に交代している。また、幕府奉行人粟飯原清胤《あいはらきよたね》も出勤を止められた。

大高重成は、高師直の又従兄弟である。怪力の持ち主で、合戦では五尺六寸（約一・七メートル）の太刀を装備していたという。政治家としても有能で、このときまでに若狭守護を三度務め、小侍所頭人《こさむらいどころ》の経験もあった。小侍所とは、将軍の近辺に仕えて日常生活を補佐する役職である。鎌倉幕府では北条一門の若手が任命され、出世の登竜門であった。

また重成は和歌に対する造詣《ぞうけい》も深く、臨済宗への信仰心も篤い文武両道の武将であった。足利直義の仏教に関する質問に夢窓疎石《むそうそせき》（臨済宗の高僧）が回答した対談集である『夢中問答集』を康永三年（一三四四）一〇月に刊行したのも、重成である。

『夢中問答集』の刊行からうかがえるように、大高重成は直義に近い武将で、観応の擾乱に際しても高一族ではめずらしい直義派として行動した。重成が尊氏を怒らせた具体的な理由は不明だが、幕府内部の不協和音の現れであることは確かだ。

直義下文の施行状

貞和四年（一三四八）一〇月頃には、内談頭人上杉重能が直義袖判下文の施行状を発給した事例が知られる（豊後《ぶんご》詫摩《たくま》文書）。

先に、直義の所領安堵下文には施行状が発給されない原則であったと述べた。しかし、直義も申請者が実効支配していない所領に対して下文を発給することがあり、その場合には執事師直が施行状を発給した。

直義下文に限定されてはいるが、ここに師直以外の人物が発給する施行状が初めて出現したのだ。これも、幕府内部の対立を反映していることが指摘されている。

それだけではなく、理想の鎌倉政治に反するとして施行状を忌避していたと思われる直義が、この段階で施行状の有効性に気づいたらしいことにも注目される。

かなり専門的な話になるが、この七年前に制定された幕府追加法第七条は、単純に施行状の発給機関を仁政方から引付方に移したものではなかった。引付方による下文の執行命令は、執事施行状よりもはるかに発給に慎重な審議を要し、現地における遵行手続きも煩瑣《はんさ》であった。一言で言えば、理非糺明的な性格が濃厚だったのである。

だが、貞和四年に重能が発給した施行状は、様式も文言も執事施行状と完全に同じである。施行状を廃止するのではなく、自分の下文に限定しながらも発給の権限を奪って自派の勢力拡大に利用する。直義の政策が、このように変化したことをみてとれるのである。

内談頭人の交代

この貞和四年（一三四八）一〇月には、内談方の頭人も交代した。この時期、仁木義氏《よしうじ》と石橋和義《いしばしまさよし》が内談頭人として発給した奉書が残っている。

前述したように、康永三年（一三四四）三月に五方制引付方から三方制内談方への改組が行われて以来、高師直・上杉朝定・同重能の三人が頭人を務めてきた。内談頭人奉書の残存状況から、このうち師直と朝定が頭人を辞任し、義氏と和義に交代したとみなせる。

仁木義氏は、仁木頼章《よりあき》・義長兄弟の弟である。仁木氏は足利一門であるが家格は低かった。仁木三兄弟は、観応の擾乱に際しては一貫して尊氏―師直派として奮戦した。

石橋和義は、足利一門の中でも高い家柄を誇る。観応の擾乱に際しての彼の動向については、実は評価が難しい。だが、基本的に中間派だったと筆者は考えている。

となると内談頭人の人事は、まず尊氏派である高師直から仁木義氏へ、中間派の上杉朝定から石橋和義へとそれぞれ交代し、直義派の上杉重能が留任したと評価できるのではないか。水面下において両派の熾烈な駆け引きが行われていた状況がうかがえる。

上杉重能・畠山直宗の讒言

翌貞和五年（一三四九）四月には、前述したとおり足利直冬が西国に下向した。これも、足利直義と師直の対立を反映していると考えられている。

以上、四条畷の戦い以降の幕府内部における不協和音を瞥見したが、この段階では、依然水面下の駆け引きだった印象である。一進一退の攻防だが、どちらかと言えば師直が押しているように感じる。

直義派の大高重成の失脚は、明確に師直の得点である。施行状の権限の一部は取られたが、そもそも直義下文に施行状がつくこと自体が稀《まれ》であるので痛打とはならなかったに違いない。内談頭人の人事も微妙なところである。仁木義氏はあきらかに師直よりも政治力が劣るので直義には制御しやすいであろうが、直義が師直派を完全に排除できていないのも確かである。直冬の西国下向は直義派の勢力拡張策であるが、視点を変えれば直義と親しい直冬が中央の政界から排除されたとも言える。

直義がこのような回りくどい方法に終始せざるを得ず、しかも大した効果を上げられなかったのは、要するに師直が開幕以来絶大な貢献を果たしており、加えて四条畷の勲功が顕著で、しかも直義に対して叛意《ほんい》をまったく示さなかったからである。このような武将を公然と排除できる論理が、そう簡単に見つかるわけがない。

『太平記』には、上杉重能と畠山直宗《はたけやまただむね》が師直兄弟の悪行を讒言《ざんげん》したことが記されている。しかし彼らの讒言の内容は、具体的には一切記されない。中国の故事を述べた長文が延々と続くだけで、正直言って退屈である。そして『太平記』でさえ、尊氏・直義兄弟が彼らの讒言をまったく信用しなかったと述べている。

僧妙吉の讒言

そこでこの二人は、学識のある僧侶と結託した。それが、妙吉侍者《みょうきつじしゃ》という僧である。妙吉は、『太平記』では夢窓疎石と同門とされる禅僧である。大高重成の項目でも登場したが、夢窓疎石は臨済宗の全盛期を築いた高僧だ。北条貞時《さだとき》・後醍醐天皇・足利尊氏など当時の最高権力者たちの帰依を受け、天龍寺の開山や南禅寺《なんぜんじ》の住職などを歴任した。

足利直義も疎石に篤く帰依し、これも前述のごとく重成に『夢中問答集』を刊行させたりした。その疎石に妙吉を紹介され、直義は妙吉も崇敬した。直義は京都の一条戻橋《いちじょうもどりばし》に大《だい》休寺《きゅうじ》を建てて妙吉を開基とし、ここに通って禅宗の勉強に励んだ。幕府の最高権力者が帰依したので、妙吉は貴族や武士の尊敬も多く集めたという。大休寺は直義の法名ともなった。

ところが高師直・師泰兄弟だけはなぜか妙吉をまったく尊重しなかった。妙吉がこれを不快に思っていることを知った上杉重能・畠山直宗は、彼に接近して親しくなり、師直兄弟の悪行を直義に密告させた。次に、『太平記』が記すその内容を列挙しよう。
①恩賞地が狭いと文句を言ってきた武士に対して、周辺の寺社本所《ほんじょ》領を侵略することを推奨した。
②罪を犯して所領を没収された人に対して、命令を無視して知行を継続するようにそそのかした。
③「木か金で天皇の人形を作り、生身の上皇や天皇は遠くに流してしまえ」と放言した。
これらの悪行は、高師直に言及する諸書で必ず引用されてきた逸話である。特に③は著名である。いずれも幕府の政策に関わる案件であり、看過できない言動である。

しかし『太平記』は、重能・直宗と同様、これらも妙吉の「讒言」であったと明記している(厳密には、「讒し申さること多かりけり」などと表現されている)。「讒言」とは、「事実をまげ、いつわって人を悪く言うこと」(『日本国語大辞典』)を意味する。つまり、これらの言動は事実ではないと、『太平記』自身が明言しているのである。どうしてこんな代物が「史実」と認定されてきたのか、筆者は本当に理解に苦しむ。

ただし三つの讒言のうち、天皇云々《うんぬん》はともかく、二つが所領に関する問題であったことは注目に値する。特に①は、当時の幕府が配下の武士全員が納得できる恩賞を配分できていない状況を反映しており、興味深い。これは、観応の擾乱の原因を考察するにあたって重要となってくるので、後述しよう。

そして妙吉に帰依していた直義がこの讒言に騙《だま》されて、師直排除を決断したのも確かである。ここに、迂遠《うえん》な権力ゲームに終始していた直義と師直の戦いの火ぶたが切って落とされたのである。

第3章　観応の擾乱第一幕

1　師直のクーデター――将軍尊氏邸を大軍で包囲

高師直の暗殺未遂

貞和五年（一三四九）三月一四日、京都土御門東洞院《つちみかどひがしのとういん》にあった将軍足利尊氏邸が火災に遭った。尊氏邸の再建が終了するまで、尊氏は一条今出川《いまでがわ》にあった執事高師直邸に居住することとなった。

『太平記』には、足利直義が高師直の暗殺を企てた記事が見える。後述の『園太暦《えんたいりゃく》』の記事も踏まえれば、同年閏六月はじめの出来事であったらしい。

直義は上杉重能・畠山直宗に大高重成および奉行人の粟飯原清胤・斎藤季基《すえもと》などを加え、師直暗殺の謀議を尊氏には知らせずに密《ひそ》かに練った。大高重成と宍戸朝重《ししどともしげ》が直接手を下すことにして、念のために一〇〇人以上の武士も隠し、三条殿に師直を呼びつけた。

ところが、突然変心した粟飯原清胤の機転により、師直は一条今出川の自宅に逃げ帰ることができた。その後、師直は病気を装って幕府への出仕をやめた。

北朝で太政大臣《だいじょうだいじん》まで務めた廷臣洞院公賢《ていしんとういんきんかた》が記した日記『園太暦』貞和五年閏六月二日条には、僧妙吉の進言によって直義が三条殿周辺の住宅を破壊したり差し押さえたりして、信頼できる部下を配置したとする記事が載っている。

公賢によれば、真相は不明であるが、直義と師直が不和となり合戦が勃発するとの情報によって都の人間が大騒ぎして東西を奔走しているという。普通に考えれば師直の報復に備えて、直義が三条殿の防備を強化したと解釈するのが自然であろう。

また公賢は、粟飯原清胤の住居も差し押さえられて清胤が逃走し、大高重成の住居も接収されて直義が吉良満義《きらみつよし》邸に転居するように命じたとも記す。清胤については、直義を裏切って師直派に転じたとする『太平記』の記述と一致するのが興味深い。重成の場合は戦略上の理由であったと考えられる。一連の情報を記した後、公賢は「これもまた天魔の所行だろうか」と慨嘆している。

ここで登場する吉良満義は、足利一門でも高い家格に属する武士である。重成が引っ越した満義の邸宅は、二条京極《にじょうきょうごく》にあった。ここはまた、貞和三年に直義の子如意王が誕生したとき、その産所となった邸宅でもある。このことからうかがえるように、満義もまた直義の信任が厚く、擾乱に際しては直義派として行動した。

また、妙吉の名が出てくるのも興味深い。妙吉が仏法だけではなく政治の重要事項にまで口出しし、直義もそれに従っていたとする『太平記』の記述が裏づけられる。

ところで右の筆者の見解に対して、三条殿周辺の住居を差し押さえたのは直義ではなく、師直であるとする橋本芳和氏の批判がある（「南北朝和睦《わぼく》交渉の先駆者、足利直義（Ⅱ）」）。しかし、これは直義が帰依する僧妙吉の意見によったと明記されているので、差し押さえの主体が直義である事実は動かない。

執事解任

三条殿周辺で大騒動が起こった翌三日、渦中の僧妙吉が西国へ下向した。その理由として、石清水八幡宮に参籠するためとも美作《みまさか》国が目的地とも噂《うわさ》されたが、真相は当時備後国鞆《とも》に滞在していた足利直冬の許へ向かったのだという。このとき妙吉が、公賢に「近頃権勢《けんせい》を誇っている僧」と評されているのも興味深い。

閏六月七日には、将軍尊氏が三条殿を訪問して先日の騒動について直義と相談した。そして同月一五日、高師直は執事を解任された。所領なども没収され、他人に与えられた。上杉重能の讒言によるとする史料もあるが、ともかく直義の攻勢が成功した。

師直の後任の執事に、当初直義は兄師泰を想定していた気配がある。師直以上の武闘派武将を候補に考えたのは、一見すると違和感がある。

しかし、師泰の妻は上杉清子（尊氏・直義兄弟の実母）の妹であり、彼は将軍兄弟の義理の叔父にあたる。また、すでに触れたように建武の戦乱では、師泰は直義の副将軍を務め、行動をともにする傾向があった。

観応の擾乱で、師泰が師直に味方して最期まで直義と戦った結果論に引きずられがちであるが、少なくともこの段階においては現代の我々が想像する以上に直義と師泰の関係は深かったのかもしれない。あるいは直義は師泰を自派に引き込むことによって、高一族の結束を乱そうとした可能性もあるだろう。現代の政党政治でも頻繁に見られる、いわゆる「一本釣り」である。

しかし同月二〇日に実際に執事に就任したのは師泰ではなく、彼の子息である師世《もろよ》であった。高師世の母親は不明だが、師泰正妻の上杉清子妹であったとすれば、彼は将軍兄弟の従兄弟であったことになる。血縁関係にあることと、若年であるために制御しやすかったことが人選の理由であろうか。

同月三〇日、直義は自ら光厳上皇の御所（持明院殿）に参上し、師直と須賀清秀《すがきよひで》を排除した一件のみを報告した。このとき直義は上皇に、「大して報告することはありませんが、政道が有名無実ですので人々を救おうと強く思い立ちまして、それについて少々対策を行いました。それについて上皇が御不審に思われているだろうと思いましたので、こうして御報告に伺ったのであります」と述べたという。要するに、師直の件を光厳が不自然に思っていると推察し、直義はその理由を説明しに行ったのである。

直義は師直排除の理由に政道の有名無実を挙げているが、具体性を欠いて曖昧《あいまい》である。直義自身、「大して報告することはない」と冒頭で断っているように、幕府内部の人事だけを最高指導者がわざわざ直接報告すること自体が異例である。筆者には、この院参には、直義が内心で不安を抱いており、光厳に理解を求めることでそれを払拭《ふっしょく》しようとする依存心が感じられるのである。

上杉朝房の抜擢

高師直の執事解任は、他の幕府人事にも影響を及ぼした。解任翌日の閏六月一六日には、上杉朝房《ともふさ》と推定できる人物による沙汰付を命じる奉書の案文が残されている（大和東大寺文書）。すなわち朝房は、師直の解任前後に内談頭人に就任したのである。

前任者は不明で、上杉重能以外の石橋和義・仁木義氏にその可能性がある。師直の執事解任によって直義派の勢力が拡張したことは確かなので、常識的に考えれば尊氏―師直派の仁木義氏と交代した可能性が高いと思う。

また朝房は、同時期に小侍所頭人も務めた。八月八日、彼はこの立場で来たる一二日に尊氏邸で開催予定の弓場始《ゆばはじめ》に射手として参加することを島津忠兼《ただかね》に命じている（文化庁所蔵島津文書）。三月一四日に被災した土御門東洞院邸の修理が終了し、八月一〇日に尊氏が戻ることとなったので、それを祝う目的で弓場始が予定されたのである。以上、上杉朝房の抜擢《ばってき》も直義派の勢力伸長を示すと考えられる。

巨大化する直義の花押

さて、新しく執事に就任した高師世であるが、執事としての活動の痕跡《こんせき》は一切残していない。それどころかこの時期には、執事の最重要業務であった施行状を直義が発給した事例まで知られるのである。長門国富安名《とみやすみょう》を同国二宮社《にのみやしゃ》に寄進した将軍尊氏の寄進状の沙汰付を、直義が足利直冬に命じる内容である（長門忌宮《いみのみや》神社文書）。

すでに述べたように貞和四年（一三四八）一〇月頃、一部の直義下文に限って直義派の内談頭人上杉重能が施行状を発給していたが、師直が失脚した今、同派は尊氏発給のものを含むすべての下文・寄進状に対して施行状を発給する権限を掌握したのである。細かいことであるが、この施行状が重能ではなく直義自らの発給となったのは、宛所の直冬の身分の高さが考慮され、重能では不適格と判断されたからであろう。

注目されるのは、師直失脚を契機として直義の花押が著しく巨大化したことである。これは古くから注目され、多くの論者が指摘しており、筆者も『足利直義』で言及した。この直義施行状にも、もちろん巨大花押が据えられている。

花押の巨大化は、よく直義の自信の現れとみなされる。しかし筆者には、不安の裏返しで虚勢を張っているようにしか見えない。

また、これを如意王の存在と結びつける見解も存在する。直義は如意王へ権力を継承させようとする野望を抱き、それが花押の巨大化に反映したというのである。しかし、これが師直の執事解任と連動していることは明白なため、筆者はこの説も採らない。

政変前夜

やがて、師直の反撃がはじまる。本項の記述は、主に『太平記』『園太暦』『師守記《もろもりき》』に依拠した。

まず貞和五年（一三四九）七月二一日、当時河内国石川城に駐屯していた高師泰が紀伊守護畠山国清《くにきよ》を石川城に呼んで同城を守備させ、自らは大軍を率いて京都に向かった（集古文書）。その目的は、師直に協力して直義に軍事的圧力をかけ、政敵を排除することである。場合によっては、直義との一戦もこの時点で覚悟していたのかもしれない。

直義は、奉行人飯尾宏昭《いのおひろあき》を使者として派遣し、師泰を執事に就けることを提案した。彼を懐柔するためである。師泰は、「畏《おそ》れ多い仰せですが、これは枝を切って後に根を断とうとの御意《ぎょい》でございましょう。上京して、お返事を申し上げます」と返答した。筆者には師泰のたとえの意味はよくわからないし、いまいちリアリティに欠けるが、それはともかく前述の直義が師泰を執事に据える構想が存在したとする説はこれが論拠である。八月九日、師泰は入京した（前掲集古文書）。

八月一〇日、将軍尊氏は丹波国篠村《しのむら》八幡宮に参詣し、同日夜に修理が完了した土御門東洞院邸に入った。翌一一日には、播磨《はりま》守護赤松円心《あかまつえんしん》と子息則祐《そくゆう》・氏範《うじのり》以下七〇〇騎あまりの軍勢が師直に味方するために参上した。赤松軍は、その日のうちに分国播磨へ下った。備前《びぜん》・美作両国の街道を封鎖し、当時備後国に滞在していた足利直冬による養父直義の救援を阻止する目的である。

翌一二日の宵には、大勢の武将が直義と師直の邸宅に馳せ参じ、旗幟を鮮明にした。三条殿に参った武将は、石塔頼房《いしどうよりふさ》・上杉重能・同朝房・畠山直宗・石橋和義・南宗継《みなみむねつぐ》・大高重成・島津光久・曽我師助《そがもろすけ》・饗庭命鶴丸《あえばみょうづるまる》・梶原景広《かじわらかげひろ》・須賀清秀・斎藤利泰《としやす》、以上三〇〇〇騎あまりであった。

このときのメンバーは、基本的に後の直義派を構成する原型となった。

ただし南宗継は高一族庶流の武将で、師直の又従兄弟である。彼も創業から尊氏を支え、短期間ながら侍所頭人や三河守護を務めた経験がある。なかでも備中守護は比較的長年在任したためであろうか、同国では大旗一揆の盟主河津氏明《かわづうじあき》・高橋英光《たかはしひでみつ》が師直の家臣となるなど、高一族の勢力が相当扶植された。観応の擾乱に際しても、後述するように忠実な尊氏―師直派として分国備中の防衛を担当した。

石橋和義も諸書では直義派に分類されることが多いが、擾乱に際しては尊氏―師直派として備前国を防衛している。饗庭命鶴丸は尊氏の寵童《ちょうどう》として有名な人物である。須賀清秀も師直とともに失脚したはずであるが、ここでは三条殿に参上したとされている。

次いで師直邸に向かった武将は、仁木頼章・同義長・同頼勝《よりかつ》・細川清氏《きようじ》・同頼春・吉良満義・山名時氏・今川範国《いまがわのりくに》・同頼貞《よりさだ》・千葉貞胤《ちばさだたね》・宇都宮貞宗《うつのみやさだむね》・同蓮智《れんち》・土岐頼康《ときよりやす》・佐々木導誉《ささきどうよ》・佐々木六角氏頼《ろっかくうじより》・武田信武《たけだのぶたけ》・小笠原政長《おがさわらまさなが》・戸次頼時《へつぎよりとき》・荒尾《あらお》・土肥《どい》・土屋《つちや》・多田院《ただいん》の御家人・常陸平氏《へいし》・甲斐《かい》源氏、そして高一族である。畿内近国で師直の恩顧を受けた武士たちが多数集結したため、その兵力は五万騎を超えたという。

この時点では、師直は尊氏・直義兄弟と対立する構図であった。しかし、後述するように観応の擾乱に際しては、師直は最期まで尊氏と行動をともにして直義と戦ったので、このとき師直邸に集結した武将たちは、結果的に後の尊氏―師直派の原型を形成することとなった。ただし、こちらも吉良満義は前述したように擾乱では一貫して直義派として行動している。山名時氏も直義派として戦い、直義死後も直冬に従って長期間幕府に反抗し続けたために反尊氏のイメージが強いが、この時点では有力な師直与党だったのである。

こうして見ると、両派の構成はかなり流動的である。終章第1節でも詳細に検討するが、定説が述べるような両派の支持層に明確な相違は見られないのである。

なおこの日、土御門東洞院の将軍尊氏邸で弓場始が予定どおり開催されている。それどころではない状況だったはずである。そもそも師泰が軍勢を率いて入京するという不穏な動きを見せているのに、篠村八幡宮に参詣できる神経が尋常ではない。こういうところが、いかにも政務に介入しなかった尊氏らしい。ちなみに、この弓場始では上杉朝房が小侍所頭人としてこの行事を指揮したはずである。彼は弓場始を終えた後、三条殿に馳せ参じたのではないだろうか。

御所巻

だが翌一三日には、さすがの尊氏も直義に土御門東洞院邸へ避難するように勧めた。直義はこの指示に従い、将軍邸へ移動した。これを見て師直に寝返った武士が続出し、将軍兄弟の軍勢は三〇〇騎にも満たなくなった。

直義は光厳上皇へ使者を派遣し、師直を流罪《るざい》にすることを申し入れた。だが現実は見てのとおり、配流《はいる》など到底不可能であった。

八月一四日早朝、師直は大軍を率いて法成寺《ほうじょうじ》河原に進出し、将軍御所の東北を厳重に包囲した。師泰も七〇〇〇騎あまりで西南からこれを囲んだ。師直軍が御所を焼き払う風聞も飛び交い、付近の住民は大混乱のうちに避難した。将軍邸の北隣に位置する内裏に住む崇光《すこう》天皇も、光厳上皇の御所（持明院殿）へ避難した。

尊氏兄弟は最悪の場合は切腹も覚悟して、小具足《こぐそく》ばかりの軽武装で待機した。一方、師直もさすがに主君を攻撃することはできず、両軍はにらみ合いを続けた。やがて尊氏は須賀清秀を使者として、師直と交渉を開始した。

師直が要求したのは、上杉重能・畠山直宗・僧妙吉および奉行人斎藤利泰・同修理進入道《しゅりのしんにゅうどう》の五人の讒臣の身柄引き渡しであった。「累代《るいだい》の家人《けにん》に強要されて下手人《げしゅにん》を出した先例があるか」と激怒した尊氏が討ち死にを口に出して、直義がなだめる場面もあった。結局、直義が引退して腹心の上杉重能・畠山直宗を流罪とすることで決着した。妙吉はすでに逃走していた。特筆すべきは、当時関東地方を統治していた足利義詮を上京させ、三条殿の地位に就けることが決定したことである。

夜に入り、軍勢は解散し、師直は一条今出川、直義も三条殿に帰宅した。翌日、重能・直宗が配流先の越前国に出発した。彼らの部下の住居は、師直に味方した武士たちに分配された。妙吉の住坊（大休寺か）も破壊された。

重能・直宗の身柄を直接受け取れなかった点が不満であったらしいが、ともかく師直は彼らを失脚させることに成功した。それだけではなく、直義の政務引退および義詮の上京という要求以上の成果をも達成した。師直の圧勝である。

諸大名が、大軍で将軍邸を包囲して政治的な要求を行う。これを「御所巻《ごしょまき》」という。鎌倉・江戸幕府には見られない室町幕府独自の風習である。この御所巻を初めて敢行した武将が、高師直なのである。

なお、このクーデターの黒幕は実は将軍尊氏であったとする噂が当時からあり、それを支持する見解もある。尊氏は直義を引退させて義詮を三条殿にし、彼を次期将軍に確定させる目的で、裏で師直と打ち合わせて一芝居打たせたというのである。

しかし常識的に考えて、わざわざ尊氏が師直に命じて、自邸を大軍で包囲させることがあり得るであろうか。尊氏も述べるように、累代の家人に家来の身柄引き渡しを強要されること自体、大きな恥であり権威の失墜である。肉を切らせて骨を断つという言葉もあるが、一歩間違えれば断たれるのは自分の骨である。

だいたい直義はともかくとして、重能と直宗を排除するのに尊氏がこんな大芝居を打つ必要はない。大高重成も尊氏が激怒するだけで守護職や所領を没収されたし、重能も今まで二度ほど失脚している。『太平記』によれば、師直の要求の受け入れは直義から言い出したことであるが、そもそも直義がこのような反応をする保証もどこにもない。多々良浜の戦いでの奮戦ぶりなどを踏まえれば、師直の大軍へ突入して戦死し、尊氏も巻き添えを受ける可能性も十分にあったように思う。

尊氏は直前まで師直邸に住んでいたので、両者の間に事前に何らかの交渉が存在した可能性はあるだろう。しかし、そうであるとしても尊氏は、師直がここまで暴走するとは考えていなかったのではないか。その証拠に、直前に呑気《のんき》に篠村に参詣して弓場始を行っているのである。真に評価すべきは、尊氏が師直挙兵という不測の緊急事態にうまく対処し、嫡男義詮に直義の地位を継承させるという最大限の利益を得た点であろう。不運すらも幸運に変えていくのが、足利尊氏という将軍の不思議な魅力である。

五方制引付方の復活

政変直後の八月一九日頃、足利直義が政務に復帰し、高師直は執事に復帰した。これは、光厳上皇の命を受けた夢窓疎石の仲介によるものであった。執事施行状の発給も復活した。二五日には三条殿で評定が開催され、師直も出席した。ともかく表面上は、両者は和解したわけである。しかし実際は、直義派に対する圧迫が続いた。

まずは三方制内談方が廃止されて、康永以前の五方制引付方が復活した。薩摩新田《にった》神社文書には、このときの引付方の頭人・評定衆・奉行人を記した編成表が残されている。前欠文書であるため一番と二番の頭人は不明であるが、三番頭人が斯波家兼《しばいえかね》、四番が石橋和義、五番が佐々木導誉である。

斯波家兼は、斯波高経《たかつね》の弟である。兄高経が直義派だったのに対して、家兼は一貫して尊氏―師直派であった。

石橋和義は、前述したように中間派とみなせる。あるいは和義の引付頭人就任は、直義が師泰を執事にしようと目論んだのと同様、師直による直義派への一本釣りだったのかもしれない。

佐々木導誉は著名な武将である。佐々木氏は宇多《うだ》天皇の子孫で、近江《おうみ》国に平安時代以来勢力を扶植した近江源氏である。導誉は、庶流の佐々木京極《きょうごく》氏の出身である。足利氏にとっ

佐々木導誉（勝楽寺蔵）

ては外様であるが、導誉は尊氏の創業から彼をよく支え、出雲・若狭などの守護を歴任し、政所（将軍家の家政機関）の執事も務め、幕閣に権勢を振るった。暦応三年（一三四〇）一〇月に京都の妙法院《みょうほういん》を焼き討ちするなど傍若無人な振る舞いも目立ったが、一方では和歌・連歌などに造詣も深く、代表的な婆娑羅《ばさら》大名であった。擾乱に際しては、尊氏―師直派として活動する。

残る二人の頭人も、残存する文書から判明する。一人は長井《ながい》高広《たかひろ》である。彼は長井氏の庶流で、六波羅探題の評定衆を務めた家系であった。嫡流の長井広秀《ひろひで》は建武政権期に鎌倉将軍府の直義の下で政所執事を務めており、高広も後年の直義北陸没落に供奉《ぐぶ》していると推定できるので、直義派であったのは確実である。

もう一人は、仁木義氏である。前述のごとく内談頭人を務めていた人物であり、むろん尊氏―師直派である。

こうして見ると、五人の頭人のうち、三人（斯波家兼・佐々木導誉・仁木義氏）が明確に尊氏―師直派、一人（石橋和義）が中間派、一人が直義派（長井高広）である。尊氏―師直派の進出が著しく、政変後の直義派の退潮を反映している。なお将軍尊氏の政所執事も、直義派の二階堂行珍《にかいどうぎょうちん》から佐々木導誉に交代している。また侍所頭人も、御所巻の功で尊氏―師直派の仁木頼章が就任した模様である。

寄合方

また御所巻の後、「寄合方《よりあいがた》」と呼ばれる機関が出現した。高師直が、寄合方の頭人として奉書を発給した事例が知られる（但島国雀岐庄《ささきのしょう》具書《ぐしょ》）。「寄合」と聞いてまず想起されるのは、先代鎌倉幕府に存在した同名の機関である。鎌倉幕府の寄合は元来北条得宗家の私邸で少数の重臣のみで行われる非公式な会合であったが、やがて御家人や御内人も多数参加するようになり、ついには評定の上位に位置づけられる公式の最高意思決定機関となった。

だが、足利直義失脚後の寄合方は、鎌倉幕府の寄合とは異なる機関だったようである。室町幕府の寄合方の権限は、まず尊氏の恩賞充行袖判下文によって不利益を蒙《こうむ》った者の提訴を受理し、さしあたり訴人の提訴に基づいて現状回復の沙汰付命令を発給することであった。その後、訴人・論人双方の主張を聴く理非糺明の訴訟を引付方で行う方式であった。仁政方が尊氏下文を実現させて、拝領者に利益を与えるのが主要な役割であったのに対し、寄合方の権限はそれのちょうど裏返しである。また寺社別当職《べっとうしき》に関する相論も、寄合方の管轄であった（東寺宝菩提院《とうじほうぼだいいん》文書）。

御所巻以前には、下文によって所領を取り上げられた者は恩賞方に提訴していた。恩賞方が下文を発給したので、発給元に直接抗議したのである。寺社別当職相論も、恩賞方の管轄であった。つまり寄合方の権限は、いずれも従来は恩賞方が行使していた権限だった。

寄合方に関する史料は非常に少ないので、仁政方・引付方との関係など不明な点も多いが、少なくとも師直の権限が増大していることは確実に言える。

直冬の九州転進

次いで師直は、備後国の杉原又四郎《すぎはらまたしろう》という武士に命じて、当時同国鞆に滞在していた足利直冬を攻撃させた。直冬は、肥後《ひご》国に没落した。九月一三日の出来事であったとされる。

『太平記』には、このとき直冬が完全に油断しており、警備の兵も少なかったと記されている。しかし、自分の後ろ盾であった養父直義が失脚した情報は当然彼もつかんでいたはずだ。多数の軍勢を従えて下向したはずの直冬が、官途も名乗らない小物の武士に襲われて九州まで落ち延びたというのは不自然である。たまたま肥後国人河尻幸俊《かわじりゆきとし》の船があり、それに乗って逃げたというのも話ができすぎている。

そもそも一次史料では、杉原又四郎なる武士が直冬を襲った史実は確認できない。『園太暦』貞和五年（一三四九）九月一〇日条によれば、幕府が直冬を追討するために討手《うって》を差し向けようと議論したのは確かである。直冬が直義派であることは自他ともに明白であるので、直義が失脚した今、尊氏と師直は彼を軍事的に排除しようとしたと考えられる。だが、その情報をつかんだ直冬は自分から四国へ没落し、伊予《いよ》国の武士と備州の阿久良《あくら》以下が彼を迎えたと記されている。

真相は不明であるが、直冬の四国・九州転進は、幕府の追討とは無関係に事前に計画されていたことなのではないだろうか。そして実際、九州に移って以降の直冬は、急速に勢力を拡大するのである。

なお、翌一〇月には高一族庶流の大平義尚《おおひらよしなお》が備後守護に就任していることを確認でき、ここでも高一族の勢力伸長を看取できる。

また師直は、越前国に配流されていた上杉重能・畠山直宗を同国守護代八木光勝《やぎみつかつ》に殺害させた。あるいは土佐守護高定信を越前に派遣して殺害させたともいう。その日付は史料によって異なるが、『園太暦』貞和五年一二月六日条に重能・直宗が配流先から一〇〇騎ばかりの軍勢で越前国足羽荘《あすわのしょう》に没落し、幕府を非常に驚かせたとの記事がある点に鑑《かんが》みれば、『常楽記《じょうらくき》』が記す同年一二月二〇日がもっとも妥当であると考えられる。

足利義詮の三条殿就任

やがて八月の御所巻で約束されたとおりに、足利義詮が鎌倉から上京した。一〇月二二日、義詮は東国の大名を多数率いて入京した。大勢の京都市民がこれを見物し、桟敷《さじき》が設営され、貴族の車も並ぶほど豪勢でにぎやかだったらしい。高師直以下、京都在住の大名も近江国瀬《せ》田《た》まで迎えに参上した。

同月二五日、義詮は当時錦小路《にしきこうじ》堀川《ほりかわ》の細川顕氏邸に住んでいた直義と面会した。このときも師直以下が付き従った。翌二六日、それまで直義が住んでいた三条殿に移住し、政務を執りはじめた。

直義の称号であった「三条殿」も、義詮を指すようになった。観応元年（一三五〇）六月頃からこの称号が消え、義詮は「鎌倉殿」「鎌倉左馬頭《さまのかみ》殿」「鎌倉宰相《さいしょう》中将《ちゅうじょう》殿」あるいは「坊門殿」とも呼ばれたが、煩雑になるので本書では「三条殿」で統一する。

それまで直義が発給していた所務沙汰の裁許下知状も、義詮が発給するようになった。また上皇や天皇と直接政治交渉を行う役割も、義詮が務めた。義詮は、幕政統括者としての直義の権限を完全に吸収したのである。

一一月二五日、義詮は多くの大名を率いて石清水八幡宮へ参詣した。当然師直も供奉したに違いない。寺社参詣も直義が頻繁に行っていた重要な政治活動で、三条殿の権限の継承である。一二月一八日には、義詮は北朝光厳上皇の御所を訪問した。このときも、師直以下数百人が供奉した。

『太平記』は、これらが万事師直・師泰の計らいであったので高一族の権勢は魯《ろ》の哀公《あいこう》の重臣季桓子《きかんし》や唐《とう》の玄宗《げんそう》の重臣楊国忠《ようこくちゅう》のようであったと記す。これは大枠で実態を反映しているように思う。

足利義詮（等持院蔵）

義詮上京に際しての師直の行動を見るだけでも、師直は尊氏の後継者として義詮を強力に支持していたことがわかる。また義詮の初期の花押が、師直の花押を模倣していたとする指摘もある。さらに義詮の正妻は足利一門の渋川幸子《しぶかわこうし》であるが、幸子の兄直頼《ただより》の妻は師直の娘であった。つまり、少し遠いが義理の血縁関係もあったのである。

そしてこれらは、師直が義詮の執事でもあったことを示唆するのではないだろうか。先に師直が直義の執事も兼ねていたと述べたが、三条殿の地位を継承した義詮に師直が引き続き執事として仕えるのは自然な流れであろう。要するに、彼は主君尊氏の意を承けて、義詮を次代の将軍とすべく彼の権威確立に奔走し、晩年の政治生命を義詮に捧《ささ》げたのである。

足利基氏の関東下向

鎌倉には、九月九日に義詮の弟基氏《もとうじ》が下向した。

足利基氏は尊氏の実子で、暦応三年（一三四〇）に尊氏の正妻赤橋登子を母として誕生した。義詮は同母兄である。しかし叔父直義の猶子となって、直義に養育されていた。彼が義詮に代わって、わずか一〇歳で鎌倉府の主となったのである。兄の入京とは対照的に、供奉の人数も一〇〇騎に満たないさびしい行列で、元服以前の下向には洞院公賢も疑問を呈している。

なお、基氏の鎌倉下向の記事は『園太暦』貞和五年（一三四九）七月九日条に記されており、橋本芳和氏はこの月日を採用している（「南北朝和睦交渉の先駆者、足利直義（Ⅱ）」）。しかし七月九日だとすると御所巻以前であり、御所巻で義詮の上京が決定した史実と齟齬する。ここは『大日本史料』が考証するように、公賢が後日につかんだ情報を追記する際に誤って七月に書き記したと解釈し、『武家年代記』に従って九月とすべきであろう。

直義の出家

一方、直義は九月に左兵衛督を辞任した。その後、前述したように、一〇月二五日までに三条殿を出て、細川顕氏の錦小路堀川の宿所に移り、顕氏と同居した。一二月八日、夢窓疎石を受戒師として、直義は出家する。法名を「恵源《えげん》」「古山《こざん》」と称した。これにより、幕府は七日間政務を中止した。これは、幕府の最高権力者が出家した場合に政務を停止する北条貞時・高時の先例に倣ったものである。しかし北朝では、失脚した人物は先例と一致しないとして、三日程度の停止にとどまったようである。

『太平記』によれば、僧となった直義は錦小路殿の粗末な閑居に住み、ほぼ誰も彼を訪問しなかった。わずかに玄恵法印のみが、師直の許可を得てたまに訪れ、異国本朝の物語を聞かせて慰めるのみであった。だが、やがて玄恵も高齢と病気のために訪問が不可能となった。失脚して人的交流が激減したのは事実だろうが、完全に孤立していたのであれば、次節で紹介するように京都脱出後に迅速に大勢力を築くことはできなかったであろう。現に観応元年（一三五〇）三月二日に玄恵が死去した後、直義の勧進によって四月二一日頃に彼を追悼する歌集『玄恵追悼詩歌』が完成している。

なお、貞和五年（一三四九）一二月から上杉朝房が但馬《たじま》守護を務めている。これも師直による直義派切り崩し工作であった可能性が指摘されている。しかし、但馬守護は翌観応元年七月までに今川頼貞と交代しており、後の擾乱に際しても朝房は直義派として活動している。結果的に、師直の一本釣りは失敗したようである。

2　直義の挙兵と南朝降伏

猛威を振るう直冬

政敵足利直義を失脚させ、出家に追い込んだ。直義を支えていた上杉重能・畠山直宗も殺害し、権勢を振るっていた僧妙吉侍者も行方不明である。足利義詮が三条殿の地位を継承して政務を統轄し、引付頭人の人事はほとんど自派で独占し、政所執事と侍所頭人もそれぞれ佐々木導誉・仁木頼章と信頼できる同志で固めた。そして自身も執事に復帰し、寄合方なる新機関を創設して権限を拡張した。貞和五年（一三四九）八月の御所巻以降は、すべて高師直の思いどおりに事が進んでいるように見える。

だが、尊氏と師直には大きな懸念があった。九州に転進した足利直冬の動向である。直冬は肥後国河尻津へ上陸し、西国の武士たちに軍勢催促を行った。さらに独自に下文を発給して恩賞充行を行い、所領安堵の権限も行使した。

むろん、これらは尊氏に無断で行ったことである。しかも直冬は軍勢催促を行うとき、「両殿（尊氏・直義）の御意」と称し、尊氏の権威を利用したりした。内心では直冬を実子と認めない尊氏とっては、こうした直冬の行為はきわめて不愉快だったであろう。

貞和五年九月二八日付の文書で、尊氏は直冬に出家を命じ、師直がそれを九州の諸勢力へ伝達した。この段階では、尊氏は直冬を殺害することまでは考えていなかったようである。さすがに実子だったからであろう。一〇月一一日付の文書では、それに上洛命令が加わっている（以上、肥後阿蘇《あそ》家文書）。

一二月六日には、京都では直冬が師直・師泰を倒すために攻め上ることを計画しているとの噂が流れた。侮りがたい勢力に成長していた模様である。

そして一二月二七日付の尊氏の文書では、ついに直冬の討伐命令にまで発展した（田中光顕所蔵文書など）。しかし、これらの命令は一向に効き目がなかった。それだけ直冬の勢力が強大化していたということであるが、九州では尊氏と師直に対する反発がかなり強かったこともうかがえるのではないだろうか。

翌貞和六年二月二七日、北朝は「観応」と改元した。しかし直冬はこの改元を認めず、貞和年号を使用し続けた。

当時幕府は九州探題という統治機関を設置し、足利一門の一色道猷《いっしきどうゆう》（範氏《のりうじ》）―直氏《なおうじ》父子を探題に任命して九州を統治させていた。この九州探題が、直冬の攻撃目標となった。

三月一八日には、直冬の部将今川直貞《なおさだ》が肥前《ひぜん》国に侵入し、各地を転戦した（肥前武雄《たけお》神社文書）など。当時の肥前守護は大友氏泰《うじやす》であったが、実質的には九州探題の直轄国と化していた。直冬の勢力は、敵の本拠地に攻勢を仕掛けるほどに拡大していたのである。また直冬軍は、四月二二日から五月二一日にかけて、肥後国鹿子木《かのこぎ》城を攻略している（肥前龍造寺文書)。

高師泰の石見遠征

そこで幕府は、高師泰を総大将とする遠征軍を派遣して、直冬を討伐することにした。観応元年(一三五〇)三月頃にはその構想があった。だがその準備にはなぜか異様に時間がかかり、実際に師泰が京都を出発したのはようやく六月二一日であった。直冬追討を命じる光厳上皇院宣と錦の御旗を持っていた(以上、『祇園執行日記《ぎおんしぎょうにっき》』)。また師泰は、このとき石見《いわみ》・備後守護に任命され、長門守護にも就任した可能性が指摘されている。

最終的にはもちろん九州侵攻が目的だが、まず手始めに石見国人三隅兼連《みすみかねつら》を倒す構想であった。三隅氏は南朝に属していたが、この頃南朝を見限り、直冬に従って同国を制圧していたのである。

『太平記』では、師泰軍が一瞬で石見国内を制圧し、敵の本拠三隅城ただ一つを残し、ここも向城で厳重に包囲して城兵をさんざん苦しめたと描写されている。

しかし実際の石見侵攻は、非常に難航したようだ。直義派の桃井左京亮《もものいさきょうのすけ》が中国大将軍として三隅氏を支援したため(周防吉川《きっかわ》家文書)、師泰は進軍を阻止された。

一一月頃には、師泰が石見国三隅城から撤退し、出雲国に落ち延びたとの噂が京都で流れている。九州では、安芸国に退いたとする情報も流れた(肥後阿蘇家文書)。事実、一一月一三日には直義派に属する岩田胤時《いわたたねとき》が三隅城を包囲する師泰軍を攻撃し、一二月二六日に師泰を撤退させている（長門益田家文書）。

要するに、師泰は九州に上陸して直冬と対決する以前に、石見国さえ突破できない有様だったのである。

義詮―師直の美濃遠征

観応元年（一三五〇）七月には、美濃《みの》国で土岐《とき》周済《しゅうさい》が反乱を起こした。周済が乱を起こした具体的な理由は不明であるが、宗家の美濃守護土岐頼康が生粋の尊氏―師直派だったので、頼康との対抗上直義あるいは南朝に与《くみ》したのであろうか。この反乱には、尾張《おわり》国の凶徒《きょうと》も多数参加し、近江国にも侵入したらしい。

そこで同月二八日、三条殿足利義詮が執事高師直以下の軍勢を率いて出陣した。その前夜、光厳上皇が義詮と師直に馬を贈り、彼らを激励した。

義詮はかつて元弘三年（一三三三）、わずか四歳で新田義貞の鎌倉攻めに父尊氏の代理として参加した武将である。とはいえ、実質的に大将として軍勢を指揮するのは今回が初めてであった。息子に軍事的な成果を挙げさせ、将軍後継者としての地位をいっそう確実にするために、もっとも信頼できる部下に息子を支えさせる。このような尊氏の親心がうかがえるが、この遠征が三条殿としての軍事指揮権の発動である点も看過できない。

美濃遠征は、順調に進展した。近江まで侵攻していた逆徒は、義詮の出陣を知ると美濃へ戻り、幕府軍を迎撃する構えを見せた。その後も京都に入ってくるのは幕府軍有利の情報ばかりで、反乱軍はことごとく降参し、無事に土岐周済を捕らえた義詮─師直は八月二〇日に意気揚々と京都に凱旋した。周済は近江守護佐々木六角氏頼に預けられ、二七日夜に六波羅地蔵堂焼野《じぞうどうやけの》で処刑された。

同月二二日、義詮はこの功績で北朝から参議《さんぎ》および左近衛中将《さこんえのちゅうじょう》に任命された。師直は、相変わらず戦上手である。未来の将軍義詮の勢威も上がっただろう。だが、これが高師直が明確に勝利した生涯最後の戦いとなったのである。

将軍尊氏の出陣

美濃遠征は成功に終わったが、九月はじめには信濃・常陸・越後《えちご》以下数ヵ国で反乱が起こったという情報が京都にもたらされた。地方の情勢も不穏となってきた。

また、九州の直冬の勢威も増す一方であった。九月二八日には、かつて筑前国多々良浜の戦いで尊氏に味方し、彼の覇業を助けた筑前・豊前《ぶぜん》・対馬《つしま》守護少弐頼尚《しょうによりひさ》までが直冬方に転じた（肥前松浦《まつら》文書など）。『太平記』には、直冬が頼尚の娘婿になったと記されている。

少弐氏は鎌倉以来の九州の名族であり、外来の九州探題の一色氏と潜在的に不和であった。情勢の変化を見て、直冬に寝返ったのである。頼尚は直冬に味方した理由について、「京都からご命令を受けたため」と述べている。事前に直義との内密の交渉があった可能性も存在する。

さらに一〇月には、豊後守護大友氏泰も直冬方に転じ、氏泰の京都代官二人も逃走した。また日向《ひゅうが》国では足利一門の畠山直顕《ただあき》が守護を務めていたが、彼は直義から一字拝領して義顕から改名したほどの直義派で、当初から直冬に味方して戦っていた。

同月一六日、ついに将軍足利尊氏は自ら軍勢を率いて九州に遠征し、直接我が子を討つことを決意した。『太平記』によれば、これは師直が強く進言した結果であるようだ。

尊氏は、一生を戦場で過ごした将軍と評価される。だが実際には、このときの出陣は建武二年（一三三五）以来実に一五年ぶりのことであった。その間、軍事をすべて直義や師直に任せていたわけであるが、今回の出陣はそれだけ直冬が脅威であったことを物語っている。

一〇月二八日、尊氏は執事高師直以下を率いて出陣した。義詮が京都の留守を守り、侍所頭人仁木頼章・弟義長や政所執事佐々木導誉らがこれを補佐した。

だが、先の師泰の出発以降四ヵ月も経過している。しかも『園太暦』によれば、このときの尊氏―師直軍は四〇〇～五〇〇騎ほどにすぎなかった。征夷大将軍の兵力としては少なすぎる。かつて四条畷や御所巻で、数万騎の軍勢を従えていた師直の勢威もどこにもない。何もしていないのに、急速に凋落《ちょうらく》している。

おまけに『園太暦』によれば、出陣直後に師直の旗差《はたざし》が東寺の南門前で落馬して負傷した

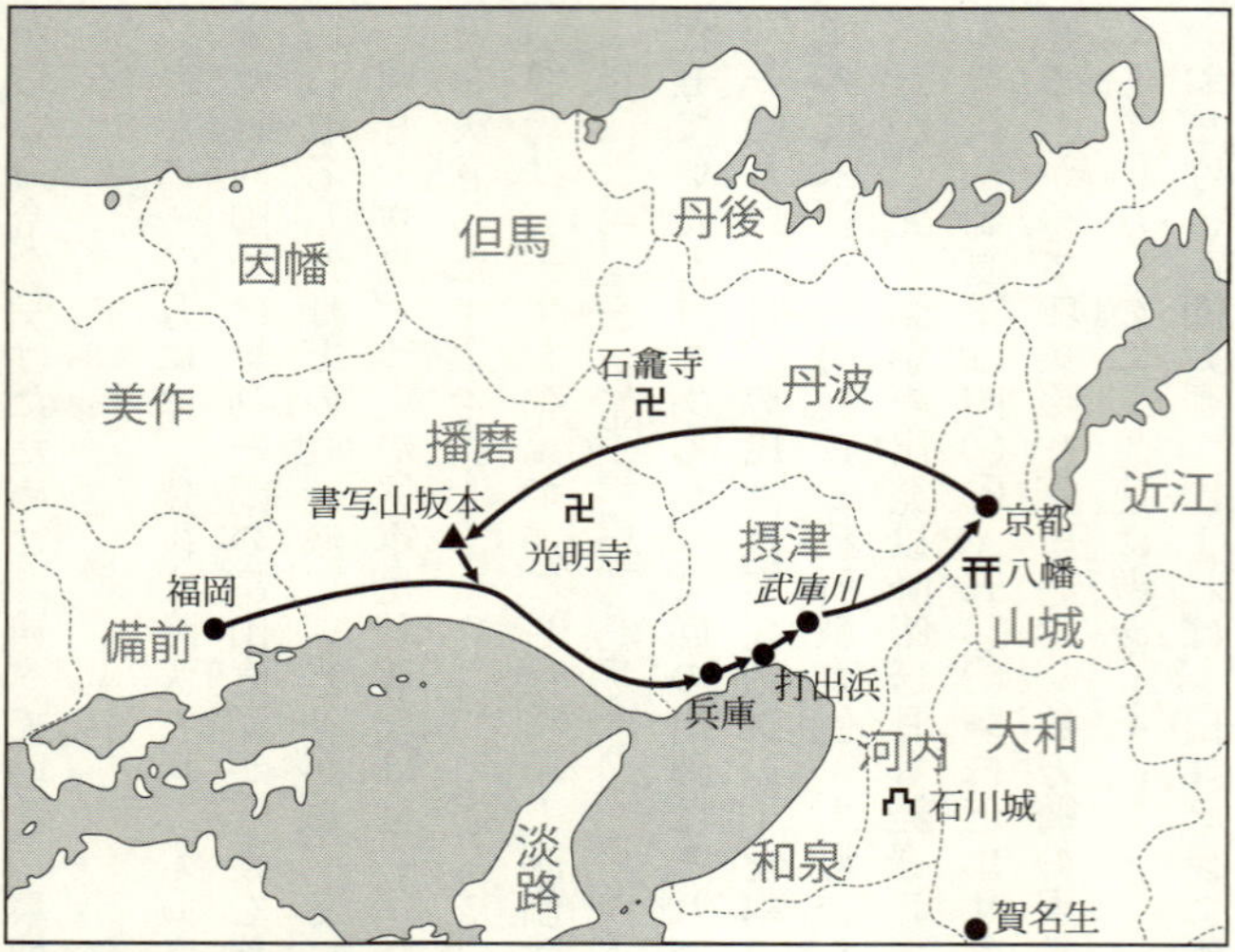

観応の擾乱第一幕の地図

という。いかにも不吉な門出である。またこの事故をわざわざ書き記した洞院公賢も、この出陣に悪い予感を抱いていたであろうことがうかがえる。世論は尊氏―師直の不利を敏感に感じ取っていたのである。

直義の京都脱出

さらに出陣直前の二六日夜、足利直義が突然京都を脱出した。

『太平記』によれば、これを知った仁木・細川がただちに師直邸に参上し、出陣を延期して直義の行方を捜索することを進言した。だが師直は彼らの提案を拒否し、予定どおり尊氏と出陣を強行した。一次史料の『園太暦』では、これらは師直が強く主張したが尊氏が拒否したとする。

尊氏と師直、いずれが判断の主体であったかはともかくとして、当時の情勢だけを見れば、彼らが直義の脱走を大した脅威ではないと考えたのも首肯し得る。

九州の直冬勢力を別にすれば、この時点で明確に直義派と言えるのは、越中《えっちゅう》守護桃井直《ただ》常《つね》と関東執事兼伊豆《いず》・上野《こうずけ》・越後守護上杉憲顕くらいのものであり、いずれも遠国にいた。大高重成などの直義派の諸将は分国を保有していなかったので、大した戦力にはならない。

直義が南朝と手を組む展開になれば少々厄介であるが、尊氏たちはその可能性を一瞬でも考えなかったのではないだろうか。というのも、そもそも室町幕府は後醍醐天皇に忠誠を尽くして従順だった尊氏を弟の直義が強引に引っぱって樹立させた経緯があり、南朝でもその事情をよく承知していたからである。南朝にとって、直義は尊氏以上に不倶戴天《ふぐたいてん》の憎むべき宿敵であり、たとえ直義が講和を申し込んだとしても、南朝がこれに応じる可能性はきわめて低いとみなされていたと思われる。

このときの尊氏―師直にとって、直義は完全に「過去の人」であった。だからこそ、捜索もせずに放置したのである。しかし、結果的にこの判断が致命的なミスとなった。直義の京都脱出が、狭義の観応の擾乱第一幕の開幕となったからである。

なお、直義が京都を脱出したのは自身を暗殺する計画を察知したためとする見解もある。だが直義の主観はともかくとして、彼の行方さえ捜索しなかった尊氏―師直に暗殺の意図などあったわけがない。

細川顕氏の変節

尊氏―師直は、途中石清水八幡宮に参詣して戦勝を祈願し、一一月五日頃に摂津国兵庫に到着した。同月一九日には備前国福岡にいたり、ここにしばらく滞在して、諸国の軍勢が集結するのを待った。

なお、一一月二日には、三宝院賢俊《さんぼういんけんしゅん》が尊氏―師直軍に従軍するために京都を発った。三宝院賢俊は、日野《ひの》家出身の僧侶である。兄弟に、元亨《げんこう》四年（一三二四）九月の鎌倉幕府打倒を目論んだとされる正中《しょうちゅう》の変で佐渡《さど》島に流され、元弘元年（一三三一）の元弘の変に際して処刑された日野資朝《すけとも》や、大塔宮護良《おおとうのみやもりよし》親王の失脚に際し、彼の与党として建武元年（一三三四）に処刑された浄俊《じょうしゅん》律師などがいる。賢俊は、建武の戦乱に際して備後国鞆《とも》に在陣していた尊氏に光厳上皇の院宣を届け、足利軍を後醍醐軍と同じ官軍にすることに貢献した。その功により、室町幕府発足後は醍醐寺座主《ざす》・東寺一長者《いちのちょうじゃ》などの要職を歴任したが、ここにいたって賢俊は将軍に味方する意思を鮮明にしたのである。

一二月二五日には、賢俊は東寺一長者も辞任し、尊氏と心中する気概を示した。僧侶でありながら、尊氏へ強烈な忠誠心を抱く賢俊に対し、世間は「将軍門跡《もんぜき》」の異名を与えた。

話を戻すと、この間、京都には数多くの情報がもたらされた。現代の我々から見ても見極めは難しいが、その多くはデマであったようである。たとえば一一月一七日には、尊氏が播磨国で船遊びをした後に行方不明になったという荒唐無稽な情報まで到来した。

またそれらのデマからは、尊氏と師直の連携がうまくいっていない気配もうかがえる。特に一一月三〇日に、師直が出家の意向を尊氏に示したとの噂が入ってきているのが注目される。将軍と執事の不和の理由は不明だが、後述する直義の離間策が功を奏したのかもしれない。両者の不協和音も、直義との戦いに不利に作用したと思われる。

ちなみに一一月六日には、先に美濃で反乱を起こした土岐周済の弟右衛門蔵人《うえもんくろうど》が京都に潜伏していたのを、佐々木導誉の配下が発見して討った。また侍所頭人仁木頼章の軍勢が中御門西洞院《なかみかどにしのとういん》にあった土岐一族の蜂屋《はちや》の宿所を襲ったが、蜂屋を取り逃がした。彼らの活動には、遠征中の師直も勇士を派遣して支援させたという。

一方、京都を脱出した直義は大和国に逃れ、越智伊賀守《おちいがのかみ》を頼った。ここに伊勢《いせ》・志摩《しま》守護石塔頼房以下、直義に心を寄せる武将たちも馳せ参じた。そして直義は、師直・師泰の誅《ちゅう》伐《ばつ》を命じる軍勢催促状を多数発給しはじめた（筑後田代文書など）。

この頃、尊氏―師直軍に従軍していた讃岐守護細川顕氏が離脱し、分国讃岐へ逃れた。前述したとおり、顕氏は失脚した直義を錦小路堀川の自邸に住まわせていた。当然直義の叛意は承知していたが、尊氏―師直を欺くためにあえて従軍していた。尊氏は細川頼春（顕氏従兄弟）と同清氏（頼春甥《おい》）に命じて顕氏を追跡させたが、軍勢を集結させるどころか有力武将に裏切られる始末である。なお顕氏が直義派となったのは、去る貞和三年（一三四七）に南朝楠木正行軍に大敗した失態から河内・和泉守護職を取り上げられたためであるとされる。

一一月一六日には、佐々木導誉が幕府の使者として北朝廷臣勧修寺経顕《かじゅうじつねあき》の許を訪れ、三ヵ条を申し入れた。その内容は、次のとおりであった。

①播磨国に敵陣が現れたとの情報が入りましたので、これを退治するために要害である垂水郷《たるみごう》住吉保《すみよしほ》など二ヵ所をいただきたい。

②西国の寺社本所領について、戦争状態の国にある所領でも勝手に占領したりしません。ですがきわめて厳しい現在の状況を考慮に入れて、本当に乱を鎮めることが難しいと判断したときにはいただいて、時期を見て報告いたします。

③直義法師が陰謀を企てているとの情報が入りましたので、彼を追討する院宣を発給していただきたい。

いよいよ西国の情勢が不穏になってきて、尊氏―師直も直義を無視することができなくなったのである。また師直に対する讒言と同様、ここでも所領が大きな問題となっていることも注目される。

畠山国清の裏切り

一一月二一日、直義は畠山国清の河内国石川城へ入城した（筑後田代文書）。すなわち、国清はこの段階で直義派の旗幟を鮮明にしたのである。だが、一一月三日付で直義の軍勢催促状に基づいて南朝方の和田助家に出陣を勧誘する国清の文書が残っているので（和田文書）、国清が直義と通じたのはもっと早い段階であった。

畠山国清は、足利一門の武将である。建武の戦乱から、足利尊氏に従って全国を転戦した。開幕後は和泉・紀伊守護に任命され、やがて和泉守護は細川顕氏と交代して紀伊国の統治に専念した。貞和五年（一三四九）に直義と師直の対立が表面化し、当時河内・和泉守護であった高師泰が河内国石川城を出て京都に出陣すると、国清は石川城に入城して引き続き南朝を牽制したことは前述した。その後、国清は河内・和泉守護にも就任した模様である。

戦上手な武将で、「無弐《むに》の将軍方」とも評された生粋の尊氏―師直派だったはずだが、ここで突然直義に寝返ったのである。尊氏―師直にとっては、物理的にはもちろん精神的にも大きな戦力の喪失である。

それにしても、国清はなぜ尊氏を裏切って直義に与したのであろうか。当時の国清ならば、少人数で逃れてきたであろう直義を捕らえて尊氏に差し出すことなど簡単だったに違いない。

この問題は推測するほかはないが、貞和四年の足利直冬の紀伊遠征が大きかったのではないかと筆者は考えている。このとき国清は紀伊守護として直冬軍を側面から支援するにとどまったようだが、直冬の戦いぶりを観察し、十分な力量を持つ武将であると評価したのではないだろうか。

にもかかわらず、直冬を冷遇し続ける尊氏―師直に国清は密かに不満を抱いていたのかもしれない。庶子である直冬を将軍にまでする必要はないが、幕府の重要な役職に就けて重用してもいいのではないか。このような有能な武将を排除するのは納得がいかないと、国清だけではなく多くの武将が考えた可能性は十分あるだろう。

直義の南朝降伏

続いて直義が繰り出した妙手が、南朝への降伏である。直義は南朝の権威と戦力も利用して、尊氏―師直に対抗しようとしたのだ。

直義の降伏の申し出に対して、南朝では激論が交わされたらしい。南朝にとって、かつて建武政権に対する反乱を主導した直義は尊氏以上に許せない敵であった。そのため、ただちに軍勢を派遣して直義を殺害すべきだとする強硬論も強かったようである。だが結局、一度降伏を受け入れて彼の勢力を糾合し、皇統を統一したうえで逆賊を滅ぼすべきとした北畠親房の意見が採用された。

一一月二三日直義が南朝に降伏し、二五日には親房自らが石川城を訪問し、直義と直接会談したとの情報が京都にもたらされた。

いかに勝利するためとはいえ、直義の南朝降伏は禁じ手を使ってしまった観がする。以前にも、南朝に寝返る武将は存在した。しかし事実上、幕府の最高権力者であった直義までもが南朝に転じた衝撃はやはり大きい。

そもそも直義は、北朝の光厳上皇ときわめて親しい関係にあった。和歌の分野でも信頼関係が存在したが、貞和年間（一三四五〜五〇）には両者の提携で広範な公武徳政政策が行われ、多数の幕府法が発布された。直義は、そうした北朝との緊密な関係も自ら破壊したのである。

以降の幕府では、権力抗争に敗北すると南朝方に転じる武将が続出し、南北朝内乱を長期化させる一因ともなった。直義は、その先例となったのである。

ただし南朝降伏以降も、直義は自身の発給文書には北朝の観応年号を使用し続けた。少なくとも、彼の意識の上では完全に南朝に帰参したわけではなかったのだろう。それが南朝に不信感を抱かせ、後の講和交渉が決裂する一因となったことにも留意すべきである。

石塔頼房の奮戦

直義の南朝降伏により、近畿地方の南朝方の武士が続々と彼の許に集結した。また一一月二一日には近江国で下賀・高山・小原一族が、二二日には大和国生駒山《いこまやま》で伊勢・志摩守護石塔頼房が、それぞれ直義方として挙兵した。

石塔頼房は、足利一門の武将である。頼房の父義房《よしふさ》は、建武政権下において尊氏が知行国主《こくしゅ》となった駿河国の目代《もくだい》を務め、尊氏が守護を務めた伊豆国の守護代も兼任し、室町幕府発足とともに両国の守護に昇格した。その後、建武四年（一三三七）から貞和元年（一三四五）にかけて、子息義元《よしもと》とともに奥州探題を務めた。頼房自身は、貞和五年から伊勢・志摩守護に任命された。

一一月二五日、頼房が近江国高良荘《こうらのしょう》周辺で放火を行ったため、佐々木導誉が城を築いて対抗した。また幕府では評定が開催され、義詮が東寺に籠城することが決定し、この日から要害が構えられはじめた。

一二月四日には頼房軍は近江国瀬田まで進出し、宿場と橋を焼き払った。この日の戦闘で、近江守護佐々木六角氏頼の弟佐々木山内信詮《のぶあきら》が戦死したとの情報が京都にもたらされたが、これは誤報であった。頼房軍がその勢いで上洛する可能性もあったので、幕府は光厳上皇の御所を警備した。

翌五日朝、氏頼が出陣し、近江国坂本から琵琶湖《びわこ》を渡った。佐々木京極秀綱《ひでつな》（導誉子息）も近江に向かった。

七日、頼房軍は石清水八幡宮に進出して神社の境内を徘徊《はいかい》し、一部は京都七条に攻め上った。彼らは宿館を強制確保し、住宅を焼き払い、淀川にかかる橋のあたりから引くように退散した。頼房は数日のうちに石清水に籠城すると称していた。凶徒は赤井《あかい》河原に陣を設営し、その数は一万人に達したという。佐々木導誉と仁木義長が赤井河原に向かい、比叡山でも三ヵ所で出火があった（『祇園執行日記』）。

幕府は東寺に城を築き、光厳上皇に尊氏邸に臨幸し、その後東寺へ入城することを要請した。また崇光天皇は翌八日に光厳上皇の御所である持明院殿に行幸する予定だったが、これらの臨幸・行幸は実現しなかった模様である。

九日には、頼房軍は山城国宇治《うじ》に進出し、平等院鳳凰堂《びょうどういんほうおうどう》を占拠した。また、関山《せきやま》にも乱入した。一二日には、近江に出陣していた佐々木六角氏頼が敵の首数十個を持って帰京した。一九日には、淀川で佐々木導誉と石塔頼房の軍勢が交戦した。

直義の石清水八幡宮進出

一方の直義は、一一月二九日に京都に達した情報によると、使者を備前国福岡在陣の尊氏の許へ送り、師直・師泰の身柄を引き渡すように要求する書状を渡した。

ここで注目されるのは、直義がこの書状で「両人を召し賜ることは、去年（貞和五年）にお約束されたことではありませんか」と述べている点だ。尊氏が本当に直義にこんな約束をしていたかは定かでない。

しかし、直義が尊氏と師直の関係にくさびを打とうとしたのは確かである。前述の師直が尊氏に出家の意向を示したとする噂はこの直後に流れており、直義の策略がある程度奏功した可能性は高い。

ともかく、これに激怒した師直は使者を務めた律僧《りっそう》を京都へ護送し、侍所頭人仁木頼章の

石清水八幡宮からの眺望（京都府八幡市）

許に抑留させた。またこの頃直義が細川顕氏と協議して、顕氏が河内に来るか直義が讃岐に行くかを議論したとする風聞も流れた。

一二月一三日には直義の降伏を正式に許可する南朝後村上天皇綸旨が発給され、直義は一七日に請文《うけぶみ》を提出している。

そして直義自身は畠山国清を率いて河内国石川城を進発し、同月二一日に摂津国天王寺に進出した。この日、東国の軍勢が石清水八幡宮へ入った。石塔頼房の奮戦によって戦況が好転したので、直義の讃岐下向案は採用されなかったらしい。この間、北朝前関白《さきのかんぱく》近衛《このえ》基嗣《もとつぐ》の弟実相院《じっそういん》新僧正静深のような高僧や、六条輔氏・吉田守房などの北朝廷臣までもが直義の許へ赴いている。

そして翌観応二年（一三五一）正月七日、直義はついに石清水八幡宮に入城した。

3　地方における観応の擾乱――東北・関東など

東北の戦況

ここで、地方の戦況を瞥見したいと思う。観応の擾乱では、中央だけではなく地方でも激しい戦闘が行われた。九州の戦況については今までも述べてきたので、本節ではそれ以外の地域の状況を紹介しよう。

室町幕府が東北地方に奥州探題という地方統治機関を設置していたことについては前述した。貞和元年（一三四五）暮から翌二年頃にかけて、吉良貞家《さだいえ》と畠山国氏《くにうじ》が奥州に赴任し、両探題として奥州を共同統治する体制となる。

両探題制の採用時点から直義派と師直派の党派対立を看取する向きもあるが、これも結果論的解釈である。前代鎌倉幕府では、鎌倉に執権・連署が併置され、西国統治機関六波羅探題も南北両探題の二人で運営する体制であった。奥州の両探題制も、こうした前代の体制の踏襲であったと考えられる。

その証拠に、畠山国氏は擾乱に際して尊氏―師直派となったが、国氏の父で彼に同行して奥州に下向した高国《たかくに》は出発前に三条殿を訪問し、直義からねぎらいの和歌を贈られている（『浄修坊雑日記《じょうしゅうぼうざつにっき》』）。この一事を見ても、将来の対立など想定すらされていなかったことがわかる。

擾乱が勃発すると、今述べたように畠山高国―国氏父子が尊氏―師直派、吉良貞家が直義派に分裂して戦った。そして観応二年（一三五一）二月一二日、高国―国氏父子は陸奥国岩《いわ》切城《きり》を貞家軍に包囲され、直属被官と配下の国人《こくじん》一〇〇人あまりとともに自害した。東北地方では、直義派が勝利したのである。

関東の戦況

貞和六年（一三五〇）正月三日、高師冬が関東執事に任命されて、東国に下向した。

これに先立つ暦応二年（一三三九）にも、師冬が関東執事として東国に赴任して南朝北畠親房と熾烈な戦いを演じ、勝利したことは前述した。その後、康永三年（一三四四）に関東執事を高重茂《しげもち》（師直弟）と交代して京都に戻り、伊賀守護を務めていたが、このたび再度関東執事に選ばれ、また重茂と交代する形で関東に行ったのである。

今回の人事は、もう一人の関東執事上杉憲顕が熱烈な直義与党だったので（奥州探題と同様、鎌倉府も両執事制を採用していた）、それに対抗するためである。上杉憲顕は、尊氏・直義兄弟の従兄弟である。関東執事および伊豆・上野・越後守護を兼任していた。直義に「諸国の守護が非法を行っている中、上野国の統治が法律に則《のっと》って殊勝であると人々が評価しているのは感激きわまりありません」と絶賛されるほど高い信頼を得ていた（出羽上杉家文書）。暦応元年一二月に同族の上杉重能が出仕を止められた際にも、代わりに上洛することを直義に命じられている（同文書）。

このような強力な直義与党に対峙していた高重茂は、関東執事のほかにも武蔵守護や引付頭人を歴任した有能な官僚で、和歌にも堪能な文人でもあった。しかし合戦は兄の師直・師泰に似ず、非常に苦手だったようである。そこで尊氏―師直は、以前関東の南朝軍に勝利した実績を誇る師冬を再度派遣することにしたのである。

観応元年（一三五〇）一〇月、武蔵守護代薬師寺公義《やくしじきんよし》が下総《しもうさ》国古河《こが》を経由して、常陸国信《し》太《だ》上条《かみじょう》に進出している（国立公文書館所蔵豊島宮城《としまみやぎ》文書）。薬師寺公義は、高師直の重臣である。師直の下で、上総守護代・武蔵守護代を歴任した。武家歌人としても著名で、塩冶高貞の美人妻に贈る和歌を主君師直の代わりに詠んだ逸話でも知られる。

同年一一月一二日、その信太荘で上杉能憲《よしのり》（憲顕の子）が直義派として挙兵した。同年一二月一日には、上杉憲顕も自身の守護分国上野に下った。

二五日、高師冬は上杉氏を討伐するため、新鎌倉公方足利基氏を奉じて鎌倉から出陣し、同日夜に相模《さがみ》国毛利荘《もりのしょう》湯山《ゆやま》に到着した。だが、直義派石塔義房らが基氏の護衛を襲撃し、二九日に基氏を鎌倉へ連れ戻した。

このとき、基氏の護衛を務めていた三戸《みと》七郎《しちろう》と彦部次郎が殺害された。彼らは高一族庶流の武士である。三戸七郎は、師冬の兄三戸師澄《もろずみ》の子師親《もろちか》で、叔父師冬の猶子となった人物である。ただし『太平記』では、三戸七郎はこのとき半死半生の重傷を負って行方不明になったものの、死亡はしなかったとある。実際、一次史料で彼の生存を確認できる文書が存在し、この点は『太平記』が正しいようだ。

それはともかく、基氏を奪われた師冬は劣勢となり、甲斐国へ没落した。翌観応二年正月四日、上杉憲将《のりまさ》（憲顕子息）が数千騎の軍勢を率いて甲斐へ出陣した。一方、上杉能憲は東海道を下り、直義との合流を目指した（以上、山城醍醐寺報恩院所蔵古文書乾）。

以上、関東地方においても直義派が圧倒的に優勢の戦況となった。

その他の地域の戦況

越中国では観応元年（一三五〇）一〇月二〇日に凶徒が蜂起し、同国氷見湊《ひみのみなと》を攻撃した。この凶徒は直義派越中守護桃井直常配下の軍勢であったと推定できる。まだ直義が蟄居《ちっきょ》して尊氏も出陣する前であったから、直常はかなり早い段階で直義派の旗幟を鮮明にしていたことになる。一一月三日には、井上布袋丸《いのうえほていまる》・富来彦十郎《とぎひこじゅうろう》以下が能登国富来院《のとときいん》・花見槻《はなみづき》に進出した。

桃井直常は、足利一門の武将である。建武五年（一三三八）二月の大和国奈良般若坂における南朝北畠顕家軍との戦いにおいて顕著な軍忠を挙げたにもかかわらず、執事高師直にそれを無視されたため、憤って直義派となったとされる。

一一月四日、能登守護桃井義盛《よしもり》が京都から能登国に下向した。義盛は直常と同族であるが、尊氏―師直派に属していた。同月一九日、桃井直信《ただのぶ》（直常弟）が数千騎を率いて能登に乱入し、高畠宿《たかはた》に陣を設置した。以降、能登守護軍は直信軍と激しく交戦するが、一二月一三日には義盛は金丸《かねまる》城に籠城しているので、戦況は尊氏―師直派に不利であった模様である（以上、尊経閣文庫所蔵得江文書）。

そして桃井直常自身は、能登・加賀《かが》・越前の軍勢七〇〇〇騎を従えて越中を出陣し、夜を日についで京都に攻め上った。『太平記』はその出発を観応二年正月八日とするが、これは不正確で前年一二月中であろう。また能登では観応二年正月二一日から二五日にかけても羽田城で戦闘が行われているので（前掲得江文書）、直常が遠征している間にも、直信は北陸で後方を攪乱《かくらん》していたらしい。

近江国では、前述の伊勢・志摩守護石塔頼房のほかにも、上野直勝《うえのただかつ》が直義派の武将として活躍した。上野直勝は河内国石川城を発して近江に入り、一二月二七日に大原荘《おおはらのしょう》内油日《あぶらひ》城麓善応寺で挙兵した。一二月四日には、三上山《みかみやま》・野洲《やす》河原で近江守護軍と交戦し、佐々木山内信詮を追い落とし、その日のうちに石塔頼房とともに瀬田まで押し寄せ、守護代伊庭《いば》六《ろく》郎左衛門《ろうざえもん》を追い散らして橋を焼き落とした。一〇日には、守山《もりやま》で守護佐々木六角氏頼の軍勢と合戦を行った（以上、近江小佐治《こさじ》文書）。前述の、一二日に氏頼が敵の首数十個を持って帰京したのは、このときの戦闘によるものであろう。北陸の桃井直常・直信兄弟と同様、頼房軍が石清水八幡宮まで進出して直義との合流を目指したのに対し、直勝軍は近江国で活動を続けて京都の義詮の背後を牽制する役割を担ったと見られる。

上野直勝は、足利一門の武将である。上野氏は、頼兼《よりかね》が開幕以来石見守護として同国の南朝方と戦いを続け、観応元年に高師泰と交代するまで在任した。頼兼も直義派の武将だが、擾乱第一幕における軍事行動は確認できない。直勝は頼兼の同族であるが、系図には名が見えず、具体的な系譜関係は不明である。だが実名の「直勝」が、直義から一字拝領した名乗りであることは間違いないであろう。

土佐国では、直義派の讃岐守護細川顕氏が派遣した部将内嶋弥六が、一一月に尊氏―師直派の土佐守護高定信《じょうしん》の代官佐脇《さわき》太郎入道の城を攻めた。翌観応二年正月にも同国松風《まつかぜ》城を攻撃し、佐脇以下を駆逐した（以上、雑録新続一）。

三河国額田《ぬかた》郡では、一二月一〇日に粟生為広《あおうためひろ》以下二一人の武士が直義派として挙兵した。彼らがその名簿を直義に提出して、袖判を据えられた文書が残っている（前田家蔵書閲覧筆記）。

三河国は、鎌倉期に足利義氏《よしうじ》が承久《じょうきゅう》の乱の恩賞として賜ってから代々守護職を世襲してきた、足利氏の第二の本領と言える国である。室町幕府が発足してからは、高師兼《もろかね》（師直の従兄弟かつ甥かつ猶子）が長年守護を務め、高一族の所領も多く集中していた地域であった。なかでも額田郡は現在の岡崎市にあたり、守護所があった場所である。こうした高一族の本拠地からさえも、反師直の武士が多数出現したのである。

尾張国では、直義派の今川朝氏《ともうじ》の軍勢が一二月一四日に同国黒田《くろだ》宿で戦った。同月二六日、朝氏は美濃国青野原《あおのがはら》でも合戦を行った（張州雑志抄）。

丹波国では、一二月一四日に同国波賀野《はがの》で挙兵した軍勢が守護代久下頼直《くげよりなお》の在所不来《ふき》を襲撃した。だが数十人が返り討ちに遭い、首一九個が京都に届けられ、一七日に河原に晒《さら》された。また賊軍は、同国曽地荘《そうじのしょう》にも攻め寄せたという（以上、『祇園執行日記』）。

当時の丹波守護は山名時氏であったが、時氏はこの時点では尊氏―師直派であった。よって、この賊軍は直義派あるいはそれと同盟した南朝方だったと考えられる。

信濃国の戦いも激しい。観応二年正月二日に直義派の諏訪直頼《すわただより》が諏訪郡湯河《ゆがわ》宿で挙兵し、同月五日に尊氏―師直派の同国守護小笠原政長の船山《ふなやま》郷内の守護所に放火。一〇日には政長の弟政経《まさつね》と守護代同兼経《かねつね》以下が籠城する筑摩《ちくま》郡放光寺《ほうこうじ》を攻撃し、政経以下を降伏させた。その後、直頼は甲斐国に進出し、同国須沢《すさわ》城に籠城する高師冬攻撃に参加している（以上、信濃市河文書）。

諏訪直頼は、一六年前の中先代の乱において北条時行を奉じ、当時鎌倉将軍府の執権であった直義と戦った諏訪氏の一族である。彼が直義与党となっていることは興味深い。

こうして見ると、他の地域においても全体的に直義派が優勢である。唯一丹波だけが尊氏―師直派が押しているが、次節で述べるように守護山名時氏はこの後直義派に寝返るのである。

4　打出浜の戦いと師直の滅亡

尊氏の反転

幕府は、足利直義には何もできまいと軽視していた。ところが畠山国清が裏切り、南朝と同盟するという予想もしなかった手を使われた。全国各地でも直義派が蜂起し、戦略上の要地石清水八幡宮を占領され、足利義詮がいる京都が狙《ねら》われる有様である。

足利直冬討伐どころではなくなった。すでに観応元年（一三五〇）一二月二九日、将軍足利尊氏は備前国福岡から反転し、東方へ向かっていた。

このとき尊氏は、備後国に高師夏《もろなつ》、備中国に南宗継、備前国に石橋和義を残し、直冬が追撃してくる事態に備えた。

高師夏は、師直の嫡男である。『太平記』は、師直が二条前関白の妹を盗みだしてもうけた子とする（ただし、二条前関白に該当する人物は存在しない）。貴種の血をひき、容姿や性格も優れていたようで、尊氏にも気に入られていたそうである。当時備後守護を務めていた伯父師泰の代理を務めたと推定されている。

南宗継は長年の備中統治の実績が買われて、同国の防衛を任されたのであろう。いずれも、尊氏が高一族を厚く信頼していたことがうかがえる措置である。

なお一二月二三日、執事高師直は現存する最後の執事施行状を発給している（上野正木文書《まさき》）。上野国新田荘内にある桃井直常などの所領を没収し、岩松直国《いわまつただくに》に給付することを命じる内容である。だが沙汰付を命じられた上野守護上杉憲顕は、前述したように直義派であった。敵対する武将に遵行を依頼せざるを得なかったところから、この施行状の実効性はなかったと思われる。それどころか、この所領を拝領した岩松直国も当時直義派であったと推定されている。さまざまな点で、尊氏陣営の末期的症状が現れている文書である。

寝返る武将たち

観応二年（一三五一）正月一日には、畠山国清軍が摂津国神崎《かんざき》まで進出し、同国守護代河江円道を駆逐した（北河原森本文書）。当時の摂津守護は赤松範資《のりすけ》で、尊氏—師直派である。

正月三日には、桃井直常が近江国坂本まで接近した。翌四日、尊氏が比叡山延暦寺に近江国三箇荘《さんかしょう》を恩賞として勧誘した。だがあまり効果はなく、かなりの僧兵が直常軍に加わった模様である。

六日、尊氏—師直軍は摂津国西宮《にしのみや》まで戻ってきた。七日には同国瀬河《せがわ》宿まで進出し、山名時氏の部隊が尊氏軍の先鋒として進発している。状況に応じて、義詮がいる京都に向かうか、直義がいる河内国に進撃するかを決める方針だったらしい。

この日は、前述したように直義が石清水八幡宮に入城している。一〇日、尊氏—師直軍は山城国山崎に到達した。この日、赤松範資が淀川で直義軍と弓射戦《きゅうしゃ》を演じた。

同日、斯波高経が二階堂行諲・同行珍とともに京都を脱出し、石清水の直義の許へ向かった。斯波高経は足利一門内で最高の家格を誇り、主君と同じ名字「足利」を名乗っていたほどの人物であった。建武政権の時代から越前守護を務めていたが、あまりにも高すぎる家柄を将軍尊氏に警戒され、この時点で分国越前を失っていた可能性が高いとされる。家格の割には不遇だったので、直義に接近したのだ。とはいえ、彼が直義派の立場を明確にしたのは、このように実はかなり遅い。

一二日頃、尊氏軍では、石清水を攻撃するのに船を用いて淀川を渡るか橋を架けるかを議論していたらしい。開戦は一六日に予定された。この時点では、尊氏は石清水の直義を直接攻める戦略を採った模様である。

一三日未明には、上杉朝定・同朝房・今川範国が京都を脱走して八幡の直義の許へ向かったので、義詮は彼らの邸宅を破壊した。またこの日は、桃井直常と南朝の連合軍が西坂本から雲母坂《きららざか》を下って松ヶ崎《まつがさき》と藪里《やぶさと》に出現し、藪里の在家を焼き払った。

今川範国は、足利一門の武将で駿河守護を務めていた。貞和五年（一三四九）八月の御所巻では師直に味方したが、この時点で尊氏―師直を見限ったのである。だが注目すべきは、上杉朝定・同朝房が直義派の立場を明確にした時期がかなり遅かったことであろう。擾乱に際して上杉一族は一人も脱落せず直義に与したが、厳密に観察すると重能・憲顕らと朝定・

朝房とでは、かなりの温度差があったことがうかがえる。

一四日には須賀清秀が八幡に奔《はし》ろうとしたので、義詮の軍勢が清秀の邸宅に押し寄せて戦闘となったが、清秀を逃がしてしまった。清秀邸は内裏の裏築地にあったので、崇光天皇は難を避けて持明院殿に行幸した。

前述したように清秀は、貞和五年閏六月三〇日に直義が光厳上皇を訪問した際、師直とともに名を挙げたほどの師直与党であった。同年八月一四日の御所巻でも、尊氏と師直の交渉の使者を務めている。そんな武士までもが、今はこの有様である。

こうして見ると一口に直義派と言っても、細川顕氏・桃井直常・石塔頼房といった最右翼は別として、大半は直義が八幡に進出し優勢となってから転身した人々だったことに気づく。結局一部を除き、ほとんどの武将は当初は将軍尊氏に従っていたのであるが、情勢の変化を見て直義に寝返ったのである。

京都市街戦

正月一五日早朝、足利義詮はついに京都の防衛を断念して脱出した。下総守護千葉氏胤《ちばうじたね》は、このとき義詮を見限って八幡へ向かった。高師直・同師泰・仁木頼章・同義長・細川頼春・佐々木導誉といった尊氏派の諸将の邸宅が、出火して焼失した。どうも留守の者が、自分たちで火をつけたらしい。同日昼頃、桃井直常軍が入京し、直常は光厳上皇の御所を訪問した。

一方、義詮軍は現在の京都府向日《むこう》市付近で尊氏―師直軍と合流し、反転して京都に攻め上った。翌一六日に石清水八幡宮攻撃を予定していた尊氏であるが、戦況の変化によって方針を転換した。以下、京都市街戦の模様を一次史料である『園太暦』および『房玄法印記』を中心に簡単に再現してみよう。

尊氏軍に従軍していたのは、もちろん執事師直を筆頭とする軍勢一〇〇〇騎あまりである。義詮軍には、高重茂（師直弟）・渋川氏（足利一門で義詮の正妻渋川幸子の実家）・仁木兄弟・細川清氏・佐々木導誉など諸大名の軍勢五〇〇騎あまりが従っていた。このうち、導誉は当初本拠地の近江国に没落しようとしたが、同国園城寺《おんじょうじ》の僧兵が妨害したので引き返した。

尊氏―義詮は、三条河原付近で直常軍と数時間交戦した。義詮は四条河原から攻め上り、尊氏は二条から迂回《うかい》して、引き返してきた導誉の部隊とあわせて三方から直常軍を包囲して攻撃したので、直常軍は後退した。将軍は二条京極の吉良満義邸に本陣を置き、直常は法《ほっ》勝寺《しょうじ》に陣を設営した。

『太平記』には、師直の重臣安保直実《あぼただざね》と直常軍の秋山光政《あきやまみつまさ》の一騎打ちが特筆して描写されている。直実は元弘・建武以来の経験豊富な武士だったが、光政も怪力を誇ったので、容易に決着がつかなかった。これを見た師直は部下に命じて、光政に矢を乱射させた。しかし直実は光政のような優れた武士が射殺されることを惜しんで、味方の矢を防いで彼を守ったという。結局このときの戦いでは、二人とも生き残った。

諸史料を総合すると、この日の合戦はかなり激しく、両軍相当の死者を出した模様である。しかし尊氏軍が勝利し、直常軍は関山《せきやま》まで撤退した。夜に入り、尊氏は千秋《せんじゅう》高範《たかのり》を光厳上皇御所に派遣し、上洛したことを報告した。

直義の消極性

さて、石清水八幡宮に在陣していた直義はこのとき何をしていたのか。結論を言えば、何もせずにただ傍観するばかりであった。

京都へ戻る尊氏軍は、石清水のすぐそばを通過した。間には淀川が流れているだけである。尊氏軍の側面を突くことは可能だっただろうし、通過してから追撃して直常軍と挟撃する作戦も有力だっただろう。しかし、直義はいずれの戦術も採用していない。

直義の消極性は、戦略だけではない。擾乱の最中、直義は恩賞充行を一切行っていない。九州の直冬でさえ恩賞充行を広範に行っているのにである。

一方の尊氏は、多数の恩賞充行袖判下文を発給している。尊氏だけではなく、義詮も恩賞充行を行った。執事施行状も、前述のように観応元年（一三五〇）末までは確認できる。劣勢だったため多くは空手形だったと考えられる。だが、それでも直義との意欲の差は顕著である。

花押にも、直義のやる気のなさがうかがえる。貞和五年（一三四九）八月の御所巻で失脚してから、直義は文書を発給しなかった。観応元年一〇月末の京都脱出からふたたび文書を発給しはじめたが、これ以降の直義の花押は前述の巨大な花押ではなく以前の形状に戻ってしまっている。

しかも、単に戻っただけではない。ひ弱でバランスが崩れており、花押だけではなく文書全体に生気が感じられないと上島有氏に評価されている（『中世花押の謎を解く』）。如意王誕生によって生じた野心で直義が観応の擾乱を起こしたのだとすれば、巨大花押を元に戻す必要などないし、文書も弱々しくなるはずがない。

結局、御所巻で失脚して以来、直義は政治に対する情熱を失ったのである。少なくとも、実兄尊氏を本気で討つつもりはなかったと思われる。この時期に彼が発給した多数の軍勢催促状がすべて師直・師泰誅伐を命じるものであり、尊氏の名を挙げていない点もそれを裏づける。

窮地に陥る尊氏

だが、直義がいかに消極的であろうとも、戦況は彼に有利に進行し続けた。

桃井直常との京都争奪戦に勝利したにもかかわらず、敵軍の兵力が増え続けることに驚いた尊氏は、翌一六日に東寺に本陣を移した後に丹波国へ撤退した。その軍勢は最終的に四〇〇～五〇〇騎ばかりだったというから、兵力が三分の一程度に減少したことになる。

このとき、当初尊氏は天龍寺で将兵を休息させようとしたらしい。だが夢窓疎石の拒絶に遭い、それは実現しなかった。疎石も中立をよそおいながら、直義に加担する姿勢を示したのだ。

尊氏は、当初丹波国篠村八幡宮で再起を図ろうとした。かつて一八年前の元弘三年（一三三三）五月七日、鎌倉幕府打倒の挙兵を行った地であり、尊氏にとって縁起がよい神社である。しかし敵兵や野伏の妨害に遭って篠村入りはかなわず、善峰寺《よしみねでら》に本陣を置いた。尊氏自らが甲冑《かっちゅう》を差し出して、ようやく二〇～三〇騎ばかりが通過を許されたとの恥ずかしい噂も京都には入った。さすがにこれはデマだと思うが、もはや征夷大将軍というよりは敗残の落ち武者である。

篠村八幡宮（京都府亀岡市）

一六日には、武蔵守護代薬師寺公義までもが直義派に転じたとする情報が流れた。前述したように公義は高師直の重臣であり、前年一〇月頃には常陸国に出陣している。それがいつの間にか上京し、しかも主君を裏切って寝返った模様である。

また同時に、佐々木善観《ぜんかん》と千秋高範も直義方に奔った。佐々木善観は、佐々木導誉の実兄である。千秋高範も前夜尊氏の使者として上皇御所に参上したばかりであり、これを記した洞院公賢も「もっとも無情か」との感想をもらしている。

同日夜、信濃守護小笠原政長も京都の自宅に放火して出京し、直義派に寝返った。つい六日ほど前まで、分国信濃で部下が直義党と激しく交戦していたのにである。

さらには、若狭・丹波・丹後・伯耆・隠岐守護山名時氏までもが直義に合流した。彼にいたっては、つい昨日まで忠実な尊氏―師直派として桃井直常軍と激しく戦っていた。

翌一七日、桃井直常・吉良満貞・斯波高経・千葉氏胤ら直義派諸将が入京した。高経が京都守備を担当した。直義に南朝だけではなく北朝まで掌握され、権威の面でも尊氏―師直派は極度に劣勢となった。

一方、この日は甲斐国須沢城で関東執事高師冬が戦死した。関東地方は上杉氏を主力とする直義派がほぼ制圧した。この頃、夢窓疎石を介して尊氏と直義の講和交渉が行われたが、不調に終わったらしい。

一八日に京都に入った情報によると、尊氏と師直は丹波国香山寺《こうさんじ》城に籠城しようとしたが追い返された。そこで若狭路を経由して没落し、近江の佐々木導誉の城に向かおうとしたらしいが、これは実現しなかった。

一九日、高師直が北陸に逃走するとの情報が入り、斯波高経・千葉氏胤が近江国坂本に出動した。山名時氏・石塔頼房も丹波方面へ向かった。頼房以外は、すべて尊氏―師直派を裏切って直義に寝返った武将ばかりである。

この日の出来事で特筆すべきは、近江守護佐々木六角氏頼が八幡に赴いて、直義に本領以下を安堵されたことであろう。彼も忠実な尊氏─師直派として、分国近江で石塔頼房や上野直勝の軍勢と激しく戦っていた。そんな武将までもが、今はこの有様である。

またこの日、直義は北朝に銭三万疋を献上した。戦乱のため、北朝への納税が滞っていたからである。北朝や北朝の貴族たちは、八幡の直義の許へ使者を続々派遣し、天下静謐《せいひつ》を祝賀した。そして先日尊氏が延暦寺に提示した近江国三箇荘を、今度は直義が寄進した。

二二日、石塔頼房が細川顕氏に書状を送り、畿内の戦況を報じて上洛を勧めた（薩摩島津家文書）。顕氏に関してはすでに畿内に進軍していたとする史料もある。だがこれを見る限り、この段階でも四国で兵力を養っていた模様である。

注目できるのは、このとき頼房が大隅・薩摩守護島津貞久《さだひさ》の所領讃岐国櫛無保《くしなしのほ》の押領をやめるように顕氏に要請している点だ。この頃、貞久も足利直冬方に転じ、子息師久《もろひさ》を出陣させていたためである。擾乱の複雑な様相がうかがえる一幕と言えよう。

話を戻すと、尊氏─師直はさらに播磨国書写山《しょしゃざん》へ退いて、ここで再起を図った。義詮は、丹波国岩屋山石龕寺《いわやさんせきがんじ》にとどまり、義詮は寺の忠節に感謝し、同国小川荘を寄進したという。

このとき、仁木頼章・義長兄弟が義詮に従った。仁木頼章は侍所頭人として義詮を補佐していたし、康永二年（一三四三）に山名時氏と交代するまで丹波守護を務めており、同国に詳しかった。この人選は妥当なところである。またおそらく、高重茂もこのとき義詮に従ったと思われる。

石龕寺（兵庫県丹波市）

高師泰の合流

この少し前、石見国に遠征していた高師泰が尊氏―師直軍に合流するために同地を発った。上杉朝定が八幡から海路で備後国鞆へ赴き、上陸して師泰軍を追跡した。

両軍は備中国で交戦した。だが、前述したように同国は南宗継が長年守護を務め、このときも在国して防衛していた国である。いわば高一族の本拠地の一つであり、同国大旗一揆の奮戦もあって上杉軍は朝定自身が重傷を負うなどの大敗を喫して退いた。

師泰軍はその後美作国でも直義派の妨害を退け、正月末に播磨国書写山に在陣する尊氏―師直と合流した。備後国を警備していた高師夏も、これに加わった。尊氏―師直にとっては久々の朗報である。

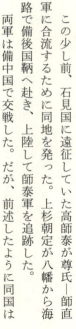

二月三日、直義は上洛の意思を示した上杉憲顕に対し、それを制止した（出羽上杉家文書）。

関東では高師冬がすでに戦死しており、上杉氏に対抗できる大きな勢力は存在しなかった。地方を制圧した味方の援軍は強力である。実際、八幡の直義の許には東国の将兵も多数馳せ参じていたし、上杉能憲も上洛を目指して進軍中であった。にもかかわらず、直義は、もっとも頼りとなる憲顕の上洛を禁止したのである。

一方、師泰の加勢を得た尊氏―師直軍は、二月四日頃から石塔頼房が籠もっていた播磨国滝野光明寺《たきのこうみょうじ》を攻撃した。だが城の守りは固く、尊氏軍は攻めあぐねた。

師直の滅亡を暗示する和歌が書かれた紙が空から舞い降りてきたという『太平記』の逸話も、このときのことである。事実だとすれば、攻め手の精神的な動揺を誘うための城兵の作戦だったのであろう。またこのとき、赤松則祐が無断で戦線を離脱し、本拠地の播磨国白旗《しらはた》城へ帰ってしまったという。尊氏―師直は、またしても配下の武将に裏切られたようだ。

同月六日、直義は近江国園城寺に対し、東国の軍勢が瀬田を渡って上洛できるように船を用意することを命じた（近江密井文書）。前年一二月四日に石塔頼房軍が橋を焼き払ったので、彼らは通過できずに逗留《とうりゅう》していたのである。

二月八日には、上杉憲顕の子息（弟であったとも）が東国の兵数千騎を率いて石清水八幡宮の神宮寺《じんぐうじ》である善法寺《ぜんぽうじ》に到着した。これが上杉能憲の軍勢であろうか。憲顕の上京を制止した直義であったが、それでも多くの援軍が到着した。

一二日には、前述したように陸奥国で尊氏―師直派の奥州探題畠山国氏が父高国とともに戦死した。関東では高師冬が滅び、九州地方でも直冬が猛威を振るっていた。加えて奥州でも尊氏―師直派が壊滅し、畿内も今まで述べたとおりの有様である。尊氏と師直は、まさに四面楚歌《しめんそか》の状況に陥ったのである。

摂津国打出浜の戦い

やがて、細川顕氏の軍勢が四国より来襲した。『園太暦』観応二年（一三五一）二月九日条によれば、書写山坂本に集結していた尊氏と師直の軍勢を顕氏と細川頼春らの軍勢が襲撃したため、尊氏軍が多数の損害を出し、尊氏は法華寺《ほっけじ》に籠もった。

細川頼春は、顕氏の従兄弟である。当時阿波《あわ》・伊予二ヵ国の守護を務めていた。定説では忠実な尊氏派とされており、事実前年一一月に顕氏が尊氏軍の戦列から離れて讃岐に逃れた際には、細川清氏とともにこれを追撃している。また観応二年正月一五日に師直以下尊氏派諸将の邸宅が炎上したとき、頼春邸も焼失している。

だが『園太暦』のこの記事を信じる限り、二月の段階では従兄弟顕氏に同調して直義派に転じた模様である。『太平記』にも、貞和五年（一三四九）八月の御所巻に際して頼春は、三条殿に参上したとするテキストが存在する。頼春を一貫した尊氏与党とする説は、再検討の余地がある。

さらに、八幡からは光明寺を救援するため、畠山国清・小笠原政長などの大軍が迫っていた（肥後阿蘇家文書）。観応二年二月一四日、やむを得ず尊氏は光明寺の包囲を解き、翌一五日懸河《かけがわ》に陣を移した。この日は、今は亡き上杉重能の子息が関東から北陸道を経由して京都に到着した日でもある。彼が、後に高一族を惨殺する上杉重季《しげすえ》であろう。

二月一七日、尊氏は摂津国兵庫に転進した。そしてこの日から翌一八日にかけて、同国打出浜《うちではま》で直義軍と正面から激突した。これが打出浜の戦いである。雀松原《すずめのまつばら》の戦い、あるいは小清水《こしみず》の戦いともいう。

この戦いは両軍ともに多数の戦死者を出し、「希代の大合戦」と評された。だが尊氏軍の方が損耗が激しかった。このときの尊氏軍の総兵力は二〇〇〇騎で、うち五〇〇騎がこの戦いに参加した。ただ、兵庫在陣の尊氏の許には一人も帰らなかったという。事実上の総大将であった師直も股、師泰も頭部と胸部を負傷し、戦意を喪失した。

打出浜の戦いは、観応の擾乱において尊氏軍と直義軍の主力が初めて対決した決戦であった。しかし、尊氏も直義も戦場にはいなかった。尊氏は、打出浜から十数キロ西に位置する兵庫にいた。建武以来、戦場から少し離れた場所に本陣を設置するのが尊氏の常であった。

しかし直義は、これよりもはるかに遠い山城国八幡に居座ったままだった。かつて建武の戦乱に際し、直義は常に最前線に位置し、勇敢に戦った。それが今では、後方から一歩も動かない。戦場は摂津なのに本陣は山城で、国さえも異なるのである。ここにも、直義の消極性が如実に現れている。

大打撃を蒙る高一族

最後まで将軍尊氏に従っていたのは、執事高師直一族と摂津・播磨守護赤松範資の軍勢五

○○騎程度だった。加えて丹波在陣の義詮、備前の石橋和義と備中の南宗継、九州探題一色道猷―直氏父子くらいが目立つ尊氏―師直軍の全容であった。

二月二〇日、尊氏は寵童《ちょうどう》の饗庭《あえば》命鶴丸《みょうづるまる》を八幡の直義の許へ派遣し、講和を申し出た。翌二一日頃、丹波の義詮が京都に攻め上るとの情報が入ったので、上杉・諏訪が数千騎で出撃した。翌二二日には、尊氏の土御門東洞院の屋敷がほぼ全焼した。どうも放火されたらしい。二三日には、山名時氏が北丹波の荏原《えばら》で戦った（諸家文書纂所収三刀屋文書）。

尊氏と直義の講和は、師直・師泰を出家させることを条件に成立した。彼らが出家したのは二四日頃のことであった。この講和条件は、尊氏の方から直義に提示したものだ。他の高一族や被官たちも一二〇人あまりがこれに倣って出家した。

『太平記』は、師直重臣の薬師寺公義がこれに強硬に反対して徹底抗戦を主張したが、負傷した師直兄弟は茫然《ぼうぜん》自失の体で、これに失望した公義は出家して紀伊国高野山に引退した逸話を載せる。だが、前述したように正月一六日段階で公義が直義方に寝返ったとする史料も存在するので、この逸話は創作の可能性もある。ただし、公義が出家して高野山に隠棲《いんせい》したのは確かな史実で、それを詠んだ和歌も残る（『元可《げんか》法師集』）。

二六日、尊氏一行は京都に向けて出発した。師直・師泰は尊氏に供奉することを希望した。しかし尊氏は秋山光政を介して見苦しいと拒否し、将軍の後に三里ほど離れてついて行くことになった。

だが筆者の想像であるが、師直たちは依然闘志を失っていなかったのではないかと思う。足利氏の執事を代々務めた彼らの父祖たちも、皆例外なく法体《ほったい》でその職を全うしている。佐々木導誉のように、僧侶の身分でありながら政治に軍事に力を発揮する武士も多かった。彼らの宿敵の直義も、出家に追い込まれた状態からここまで盛り返したではないか。生命さえ維持できれば、必ず次のチャンスが訪れると確信していたのではないだろうか。

だが一行が摂津国武庫川《むこがわ》辺鷲林寺《じゅうりんじ》の前に来たとき、五〇〇騎ばかりで待ち伏せしていた上杉修理亮《しゅりのすけ》の軍勢によって、師直・師泰以下高一族の主立った武将が斬殺された。上杉修理亮は上杉重能の養子能憲《よしのり》とするのが定説であったが、近年の研究では重能の実子重季であると考えられている。いずれにせよ、修理亮は父の仇《かたき》を討ったことになる。

このとき討たれたのは、師直・師泰兄弟のほかに、師兼（三河守護）・師夏（師直嫡子）・師世（前執事）・師幸《もろゆき》（師直従兄弟）・師景《もろかげ》（師直甥）・南遠江兵庫助（南宗継子息か）であった。『太平記』は、師夏が上杉軍の助命の申し出を拒否して討たれたとし、彼の若年の死に様を悲劇的に描写している。

高一族嫡流だけではなく、庶流や被官たちも討たれたり、自害したりした。かつて河内国の荘園を押領した彦部七郎も、このとき討たれている。大旗一揆の盟主河津氏明も、このとき主君に殉じた。同じ大旗一揆の高橋英光は、『太平記』では逃走したとされているが、『園太暦』では氏明とともに切腹したとある。『園太暦』は鹿目《かのめ》左衛門尉・同平次兵衛尉、『太平記』は梶原孫六・同孫七・山口新左衛門の名も挙げる。文阿弥陀仏・正阿弥陀仏という遁世僧が見えるのも興味深い。

師直・師泰誅殺は、実は饗庭命鶴丸を介して尊氏が密かに命じたとする説がある。尊氏の意思がどの程度主体的であったかは不明である。だが、少なくとも戦争に負けた直後の彼に、師直の生命を救う政治力がなかったことは確実であろう。

そもそも直義は、一貫して師直・師泰の打倒を戦争の目的に掲げていた。合戦に勝利した今、尊氏の建前や本心がどうだろうと、その「公約」を実行するのは当然の帰結である。やはり高一族殺害は、直義が主体的に指示したとみるべきである。

師直塚（兵庫県伊丹市）

こうして、観応の擾乱第一幕は足利直義の圧勝で閉幕した。

如意王の夭折

しかし直義は、難敵を滅ぼした達成感など微塵《みじん》も持たなかったと思われる。前日の二五日、直義とともに石清水八幡宮にいた愛児如意王が死去したからである。わずか五歳であった。

再三繰り返すとおり、筆者は観応の擾乱の要因として如意王の存在を重視していない。ただ、将来如意王が幕府の重鎮となることを直義が期待していたのは間違いないであろう。貞和三年（一三四七）六月八日に如意王が誕生したとき、出産の無事を願うあまり、直義は背中に腫《は》れ物を患い、発熱も起こって産所を訪問できなかった。このとき針治療が行われているのが、個人的には興味深い。四〇歳を過ぎて初めて授かり、溺愛《できあい》していたに違いない実子の死が、大きな精神的打撃となったのは確かであろう。

擾乱における直義の消極性はすでに随所に垣間見えていたが、如意王の死によってそれはいっそう顕在化し、それが政策にも現れて、最終的な敗北にいたるのである。

観応二年（一三五一）四月八日、如意王の追善供養を行う料所として、直義は但馬国太田荘内秦守《はたもり》を山城国臨川寺《りんせんじ》三会院《さんえいん》に寄進した。同年八月一七日に義詮が施行状を発給し、但馬守護今川頼貞に直義寄進状の執行を命じた（以上、山城臨川寺重書案文）。

後述するように、義詮が施行状を出した時期は尊氏と直義が再度決裂し、擾乱第二幕に突入していた。最後まで講和を模索した尊氏と異なって、義詮は叔父直義を憎悪し、父尊氏と合戦の噂が立つほど強硬な態度を取り続けた。

しかし、それでも義詮は直義が夭折した我が子の冥福を祈って寄進した所領の領有を保障した。これは、肉親が殺し合ったこの戦争の数少ない救いの一つである。

第4章 束の間の平和

1 尊氏・直義講和期における政治体制

三月二日の尊氏・直義会談

観応二年（一三五一）二月二七日、将軍足利尊氏は京都へ戻り、足利直義派の上杉朝定邸へ宿泊した。前述したとおり、それまで尊氏が住んでいた土御門東洞院の屋敷は、同月一二日に全焼していたためだ。

翌二八日、直義が帰京した。まず実相寺《じっそうじ》に入ってから、細川顕氏の錦小路邸へ移った。石塔頼房以下の諸大名が従った。

三月二日、尊氏と直義が直接会談し、今後の幕府体制をどうすべきかを話し合った。この会談の様相については、『園太暦』同日条を中心に詳細に記されている。

会談前、尊氏はすこぶる不機嫌であったらしい。尊氏は、彼に従った武士四二人へ恩賞を与えることを最優先すべきだと声高に主張して、直義に認めさせた。次いで高一族を殺害した上杉重季を処刑することも強硬に主張したが、これは流罪にとどまった。政務に関しては義詮が担当し、直義が補佐することとなった。

要するに、基本的には擾乱勃発直前の義詮の三条殿体制を復活させることが決定した。ただし、師直の後任の執事は設置されなかった。またこのときの会談では、足利直冬を正式に鎮西探題《ちんぜい》に任命することも決定している。将軍家政所執事も、佐々木導誉から二階堂行通《ゆきみち》に交代した。

翌三日、細川顕氏が上洛して尊氏を訪問した。しかし尊氏は面会を拒否し、顕氏を恐怖させた。これも比較的著名な逸話である。

敗北したにもかかわらず恩賞を要求するなど、厚かましいにも程がある。特に顕氏との一件を見ると、尊氏は自分を勝者であると勘違いしている。尊氏は不可解な行動をすることがあり、精神疾患を患っていたとする佐藤進一氏の見解がかつて存在し（『南北朝の動乱』）、このときの顕氏に対する言動もその根拠に挙げられることがあった。しかし筆者は、その説は誤りであると考えている。

そもそも佐藤氏は、尊氏の発言を「（顕氏が）降参人の分際で、将軍に見参《げんざん》を望むとは何ごとか」と現代語訳した。しかし、『園太暦』の原文は「「降人の身として見参するは恐れあり」と称して謁せず」であり、「（私尊氏は）降参人の身であるので、（顕氏と）面会するのは恐れ多い」と称して対面しなかった」と訳すべきであると考える。「見参」は、目下の者が目上の人にお目見えするという意味だけではなく、逆に目上が目下に対面する用法も存在する。本例は後者の用例であろう。

となると、尊氏は勘違いや事実誤認などしておらず、自分が敗者であると状況を正しく把握していたことになる。むしろ注目すべきは、直義派の顕氏が早くも尊氏に接近していることと、そして敗者に面会を拒否された顕氏が恐怖心を覚えたことであろう。尊氏が求心力を回復しはじめ、しかも擾乱以前には決して見せなかった強烈な気概を見せはじめているのである。

話を三月二日の会談に戻すと、この協議の核心は、以前と同様尊氏が恩賞充行権を保有することが決まったことだと考える。この権限さえ維持できれば、すぐに劣勢を跳ね返すことができると尊氏は確信していたのではないだろうか。

観応の擾乱第一幕を通じて、尊氏は自身の敗因を正確に分析したと思われる。恩賞充行が不十分だったからこそ、不満に思う武士たちが直義に味方して敗北したのだ。ならば、自身が将軍として恩賞充行を広範に行えば、離れた武士たちもふたたび戻ってくるに違いない。そう考えた尊氏は、恩賞充行権だけは死守することを目指した。そのために、直義に対して強気に出たのである。

尊氏の試みは成功した。結局、この日の会談が尊氏の逆転勝利を事実上決定づけたのだと筆者は考える。会談終了後、尊氏は非常に上機嫌になったという。目標を達成して勝利を確信したのだから、それも当然である。

それではなぜ、直義は尊氏から恩賞充行権を取り上げなかったのであろうか。擾乱第一幕の圧勝の勢いで、鎌倉末期の将軍と同様に尊氏を完全な飾り物にすることも十分に可能だったはずである。現に一六年前の建武二年（一三三五）一一月、尊氏が鎌倉の浄光明寺に引き籠もった際、一時足利氏当主の座に就いた直義が恩賞充行下文を発給した前例もある。

結局直義は、兄尊氏に遠慮したのだろう。今回の戦争で、もともと尊氏に対して腰がひけていたことに加え、実子如意王を失って直義はいっそう無気力になったのではないだろうか。三月六日、尊氏は錦小路邸の直義を訪問した。二人とも機嫌がよかったが、話題が高師直に及ぶと尊氏は立腹したという。やはり尊氏は、直義が師直を殺害したことに憤っていたのである。

なお、三月四日に直義は陸奥国の結城朝胤《ともたね》に感状を発して戦功を賞すると同時に、師直・師泰残党の掃討を命じている（榊原《さかきばら》結城文書）。同月六日には、奥州探題吉良貞家も朝胤に対し、師直・師泰残党の襲来に備えて陸奥国白河関《しらかわのせき》の警固を命じた（白河集古苑所蔵白河結城文書）。奥州では依然高一族の与党が蠢動《しゅんどう》しているらしいことは注目される。

義詮の帰京

一方足利義詮は、父と叔父が講和したにもかかわらず、いまだに丹波国に在陣していた。

その勢いはなお強大であったとも噂された。尊氏と直義が錦小路邸で懇談したのと同じ三月六日、三日前に尊氏に面会を拒否された細川顕氏が義詮を迎えに丹州に赴いた。だが、義詮は帰京にすこぶる難色を示した。尊氏が書状を送って説得に努め、ようやく義詮に帰京を決意させた。

とはいっても、実際に彼が上洛したのはやっと一〇日になってからである。義詮は顕氏を伴って夜に到着し、まず錦小路邸の直義を訪問した。それから以前と同様、三条殿に居住した。

こうして見ると、直義に対して、義詮の方が父尊氏よりもはるかに強硬な態度を取っていることがよくわかる。義詮の直義に対する反感は、この後も消えることがなかった。そしてこれが、観応の擾乱第二幕の大きな要因となっていく。

義詮が直義を激しく嫌った理由も推測になるが、高師直の件が大きかったのではないかと考える。再三述べたように、師直は尊氏の意を承けて義詮を二代将軍にするために奮闘した。師直に大変な恩義を感じる義詮が、その師直を殺害した直義に反発を抱いた可能性は十分に存在するだろう。

それでも三月二一日、義詮は尊氏・直義と京都郊外の西芳寺《さいほうじ》を訪れ、夢窓疎石の法話を聴いた後に庭の花を観賞し、和歌を詠んだ。この時期にはまだ融和に努めているのであるが、四月以降義詮は直義に対する敵意を露《あらわ》にしはじめる。

停滞する恩賞と安堵

尊氏が恩賞充行権の維持に成功したとはいえ、尊氏・直義講和期の幕府政治において、直義の発言権が大きかったのは確かなようだ。前述の直冬の鎮西探題任命や政所執事の交代も、その現れである。侍所頭人の人事は不明であるが、熱烈な尊氏与党であった仁木頼章が留任できたとは考えにくい。

四月二日、幕府で評議が行われ、佐々木導誉・仁木頼章・同義長・土岐頼康・細川清氏以下七人の罪を許し、所領を安堵することが決定した。彼らは擾乱第一幕において、最後まで尊氏―義詮に従った守護級武将である。それが罪人とされ、恩賞どころかようやく所領を安堵される体たらくである。

彼らでさえこの状況である。一般の武士の扱いなど推して知るべしだ。事実、この時期に尊氏が発給した下文は、わずか二通しか現存しない。

そのうちの一通は、観応二年（一三五一）六月二四日に佐々木善観に近江国播磨田《はりまだ》郷の替地として遠江国浅羽荘《あさばのしょう》地頭職などを給付したものである（佐々木寅介氏文書）。前述したように、善観は同年正月一六日に直義派に寝返った武士である。

また下文は現存しないが、高師兼の所領遠江国村櫛荘《むらくしのしょう》地頭職が、斎藤利泰に与えられた（山城天龍寺重書目録）。斎藤利泰は幕府奉行人で、貞和五年（一三四九）八月の御所巻の際にも、上杉重能・畠山直宗・僧妙吉らとともに身柄引き渡しを師直に要求されたほどの直義与党である。

要するに、尊氏は恩賞充行権を保持していたが、それを自由に行使はできず、直義の圧力によって直義派に所領を給与することを強いられた。その結果、講和期の恩賞充行は停滞した。

施行状を発給する権限は、直義がふたたび掌握した。とはいえ尊氏の文書発給が停滞したのであるから、それに基づいて出される施行状も非常に少なかった。

もっとも、直義の所領安堵もきわめて低調であった。観応二年五月二一日、尼心妙《あましんみょう》に三河国額田郡比志賀《ひしか》郷を安堵する内容の袖判下文一通が残存するのみである（三河総持寺文書）。

尼心妙は高師直の伯母か叔母にあたる女性で、この安堵は亡父高師氏《もろうじ》が遺《のこ》した永仁《えいにん》四年（一二九六）三月一日付譲状《ゆずりじょう》ならびに同日付足利貞氏《さだうじ》下文に基づいていた。つまり、直義が誕生する前に作成された文書によるものであり、このタイミングの安堵はかなり異様である。

直義は、高一族を滅ぼしたことを贖罪《しょくざい》しようとしたのかもしれない。

ところで三月二日の会談では、政務は義詮が行い、直義が彼を補佐する形で決着していた。つまり、貞和五年一〇月から観応元年一〇月にいたる義詮の三条殿体制の復活が約束されていたはずである。

となれば、当然義詮が所領安堵の袖判下文を発給していなければならない。ところがこの安堵は、直義の名で下されている。つまり、実際には直義の三条殿体制となっているのであり、義詮が不満を持ったのは間違いない。

なお擾乱第一幕の最中の観応二年正月二二日、直義は将軍門跡三宝院賢俊から六条若宮《ろくじょうわかみや》別当職《べっとうしき》を取り上げて実相院静深に与えたが、五月一八日に賢俊に返付している（山城醍醐寺文書）。賢俊が尊氏に従軍したのに対し、静深は八幡の直義にいち早く祗候《しこう》した生粋の直義派の僧侶であった。にもかかわらずこのような措置を下したことも、直義に味方した者たちを失望させた可能性があるだろう。

引付頭人の人事

所務沙汰における裁許下知状の発給事例は、この時期には管見に入らない。しかし、右で述べたように所領安堵を直義が行っていることに鑑みれば、下知状も当然直義の発給が想定されていたに違いない。

事実、引付頭人にも直義派の武将が大量に進出した。石橋和義・畠山国清・桃井直常・石塔頼房・細川顕氏である。擾乱第一幕で、直義派としての貢献が著しかった者ばかりである。斯波家兼・佐々木導誉・仁木義氏といった尊氏派の頭人たちは排除された。留任した石橋和義だけが尊氏派と言えるが、再三述べるように彼は直義とも近い関係にあった。

ただし引付方は、事実上寺社本所の権益を擁護する政策を採っていた。引付頭人になっても、自身や部下の所領は増えない。それどころか、仲間の守護の荘園侵略を禁じ、恨みを買う場合もあったようである。

しかも彼らの多くは、建武以来の歴戦の武闘派である。擾乱以前から引付頭人や内談頭人を務めていた和義を除き、引付方の訴訟業務は未経験で不向きの者ばかりであった。直義に引付頭人に任命されることは、ありがた迷惑だったと思われる。

看過できないのは、寺社本所領を保護したにもかかわらず、直義が寺社本所の支持を集めたとも必ずしも言えないことである。引付頭人奉書の命令は、実効性が伴わないことが多かった。その根本的な理由は、命令実行の主体が荘園を侵略する守護だという構造的矛盾にある。泥棒に警察官をさせるようなものであるが、加えて直義の引付方が理非糺明を尊重する姿勢を維持していたことも大きいと考えられる。実務に不得手な武闘派の頭人の許で、頭人と立場の近い武士の言い分をわざわざ聞こうとする。結局、直義の政治は武士も寺社も失望させた可能性が高いのである。

なお直義は三月二九日に院参を行い、北朝光厳上皇との交渉を再開した。これも本来であれば、三条殿義詮が行使すべき権限であった。

守護の人事

守護の人事はどうなったのだろうか。講和期における直義派守護を一覧にした。子細に検

国	前任者	守護
河内	同右	畠山国清
和泉	同右	畠山国清
伊賀	?	千葉氏胤
伊勢	同右	石塔頼房
志摩	同右	石塔頼房
伊豆	同右	石塔義房
武蔵	高師直	上杉憲将
下総	同右	千葉氏胤
近江	同右	佐々木六角氏頼
信濃	小笠原政長	諏訪直頼
上野	同右	上杉憲顕
若狭	同右	山名時氏
越前	?	斯波高経
越中	同右	桃井直常
越後	同右	上杉憲顕
丹波	同右	山名時氏
丹後	山名時氏	上野頼兼
但馬	今川頼貞	上野頼兼
伯耆	同右	山名時氏
出雲	佐々木導誉	山名時氏
隠岐	同右	山名時氏
備中	南宗継	秋庭某
備後	高師泰	上杉重季
紀伊	同右	畠山国清
阿波	同右	細川頼春
讃岐	同右	細川顕氏
伊予	同右	細川頼春
土佐	高定信	細川顕氏
筑後	同右	少弐頼尚
豊前	同右	少弐頼尚
豊後	同右	大友氏泰
肥前	一色直氏	河尻幸俊
日向	同右	畠山直顕
大隅	同右	島津貞久
薩摩	同右	島津貞久
対馬	同右	少弐頼尚

観応２年３～７月における直義派守護

討すると、大半は擾乱以前の分国をそのまま維持したにすぎない。

尊氏派守護から直義派守護に交代したと断定あるいは推定できるのは、伊賀（?→千葉氏胤）・武蔵（高師直→上杉憲将）・越前（?→斯波高経）・但馬（今川頼貞→上野《うえの》頼兼《よりかね》）・出雲（佐々木導誉→山名時氏）・備中（南宗継→秋庭《あきば》某）・備後（高師泰→上杉重季）・土佐（高定信→細川顕氏）である。また信濃（小笠原政長→諏訪直頼）・丹後（山名時氏→上野頼兼）は、同じ直義派守護による改替である。

また、摂津（赤松範資→同光範《みつのり》）・美濃（土岐頼康）・飛驒《ひだ》（佐々木導誉）・播磨（赤松範資→

則祐)のように、尊氏派の武将が依然守護職を維持した国も散見される。また長門守護は厚東武村《こうとうたけむら》が高師泰の後任となったが、彼も尊氏派であった。

何より大高重成・上野直勝のように、直義に従ったのに分国を獲得できなかった武将が存在することは看過できない。重成は若狭守護に再任されることを希望していたらしいが、若狭は同じ直義派の山名時氏の分国であったため実現しなかった。

畠山国清・桃井直常・石塔頼房も、勲功著しかったのに分国は増加しなかった。山名時氏も出雲を獲得したものの、丹後を同じ直義派の上野頼兼に譲ったので分国数は同じである。細川顕氏の土佐も、もともと弟皇海の分国であったのを回復しただけである。彼が以前に領有していた河内・和泉は畠山国清が維持していたので、全盛期の勢力よりも後退したままであった。小笠原政長にいたっては、かえって信濃を失ったほどである。もっとも彼が直義派に転進した時期はかなり遅いので、それを差し引く必要はある。

結局、講和期における守護人事で明確に利益を得たと考えられる直義派武将は、千葉氏胤（伊賀）・上杉憲将（武蔵）・諏訪直頼（信濃）・斯波高経（越前）・上野頼兼（丹後・但馬）・秋庭某（備中）・上杉重季（備後）くらいだったのである。三月二日会談では流罪に処されるはずだった上杉重季が、配流されるどころか師泰の分国備後を獲得している点は注目される。

尊氏にとっては、惨敗だった割には損失は少なかったのではないだろうか。

ちなみに、守護職を獲得するだけでは必ずしも自己の勢力拡大につながらなかった。分国内の荘園諸職も占領し、自身や部下に分配する必要がある。しかし、直義は引付方を介して守護の荘園侵略を禁止する政策を維持していた。したがって、守護に任命されたことによる恩恵はそれほど望めなかったと思われる。

ただし、上杉憲将に従って軍忠を挙げた武士の恩賞に限っては、憲将の父関東執事上杉憲顕に関東分国内の闕所地に限定して、それを自由に処分する権限が認められた（出羽上杉家文書）。

上杉憲顕は忠実な直義与党であった。直義から守護分国上野の統治を絶賛されたこともすでに述べた。だが逆に言えば、憲顕ほど直義に近い武将にして、ようやくこの程度の限定的な権限拡張を認められたにすぎなかったのである。

官職の補任

朝廷から任命される官位や官職も立派な利益供与であるが、これに関してはどのような状況だったのであろうか。官職一覧で新たに登場した武将について、数点補足しよう。

高師秋《もろあき》は、師直の従兄弟である。本来は、彼が高一族の嫡流であった可能性もある。尊氏兄弟の祖父足利家時《いえとき》の置文《おきぶみ》を所持していたことでも知られる。開幕当初に伊勢守護を短期間務めたのみで冷遇され、大活躍する従兄弟の師直に嫉妬《しっと》して直義派となった。

高師義《もろよし》は、その師秋の子息である。高師員《もろかず》も、同じく師秋の子師有《もろあり》と同一人物であると推

年月日	氏名	官位・官職	備考
4月13日	宇都宮氏綱	修理亮	東福寺造営功
4月16日	高師義	従五位下・掃部助	
	上野直勝	従五位下・掃部助	
	畠山国清	修理権大夫	
	畠山義深	従五位下・尾張守	
	結城朝常	従五位下・三河守	
	二階堂行種	遠江守	覚園寺造営功
	高師員（師有か）	従五位下・上野介	
	畠山清義	従五位下・左近将監	
	石塔頼房	右馬権頭	
5月29日	吉良貞家	従四位下	
	畠山国清	従五位上	
	石塔頼房	従五位上	
	桃井直常	従五位上	
	高師秋	従五位上	
6月26日	細川繁氏	従五位下・式部少丞	
	桃井直常	播磨守	
	二階堂行熈	備前守	行願寺造営功
	細川元氏（清氏）	伊予守	安国寺造営功
	石橋和義	従四位下	
	細川政氏	従五位下・左近将監	
	細川顕氏	正四位下	

観応２年３〜７月における叙任

定されている。畠山義《よし》深《ふか》・清義《きよよし》は国清の弟で、細川繁氏《しげうじ》・政氏《まさうじ》は顕氏の子息である。

官途の面においても、直義は限定的な供与を行うにとどまった。直義派の中でも、ごく一部の武士が恩恵を受けたにすぎない。しかも宇都宮氏綱《うつのみやうじつな》が東福寺《とうふくじ》造営の功で修理亮に任命された事例のように、直義は成功による補任に依然固執していた。

なかでも、擾乱第一幕において忠実な尊氏

派として奮戦した細川元氏《もとうじ》（清氏）が、伊予守に任官したことは注目に値する。ちなみに直義派の大高重成は、建武政権から与えられた伊予権守《ごんのかみ》に据え置かれたままであった。伊予権守は「権官《ごんかん》」といって、正式の官職である伊予守よりも格下であった。また後述するように宇都宮氏綱も、後に尊氏派の主力として活躍している。

敵に利益を与えること自体に問題はない。むしろ寛容で称賛される行為だ。しかし、それは味方を十分に褒賞したうえでの話である。この有様では、直義のために生命や財産をかけて戦った武士たちが不満を抱くのも当然ではないだろうか。

2　直義による南朝との講和交渉

交渉の経過

講和期において、直義が唯一強い熱意をもって取り組んだのが南朝との講和交渉である。すでに観応二年（一三五一）二月五日、直義は長井広秀などを使者として南朝に派遣し、銭一万疋を献上した。このとき直義は、南朝に数ヵ条の講和条件を提示したらしい。これに対して、南朝は回答を後日に延ばした。

前述したとおり、直義の南朝降伏によって畿内南部の南朝勢力が直義に加わった。しかし一方で、南朝方の武士が幕府方の寺社・武士領を侵略する事態も招いていたらしい。

伊勢国では、北畠親房の三男顕能《あきよし》が軍事活動を展開していた。そのため直義は三月二日の尊氏との会談後、ただちに守護石塔頼房に鎮圧を命じた。こうした状況を打開するためにも、直義は南朝との講和交渉を継続したのである。

三月二日、尊氏・直義会談が行われたのと同日、二階堂行通が吉野への使者を命じられたが辞退したらしい。その代わり、行通は佐々木導誉に代わって政所執事に任命されたのはすでに述べたとおりである。

同月一一日、楠木正儀《まさのり》の代官が南朝の使者として錦小路殿を訪問し、大高重成と面会して後村上天皇の勅書を渡した。これは、先に延期した回答であったと思われる。

楠木正儀は正成の子であり、正行《まさつら》の弟であった。偉大な「南朝忠臣」だった父と兄の後を継いだが、南朝における講和派の最右翼であった。

このとき直義は、後村上天皇の帰京を正儀代官に要請したらしい。ただし皇位については、幕府は世上不安を理由に結論を保留した模様である。夢窓疎石を通じて、直義がそれを光厳上皇に報告したとの情報を、翌一二日に北朝廷臣の洞院公賢は得た。だが翌一三日、直義が南朝に提示した講和条件が前日の情報とは異なっていたとの報も入り、情報が錯綜している。

一八日、直義は公賢に二階堂行珍を使者として派遣し、洞院実世《さねよ》の義絶を解除してほしいと願い出た。実世は公賢の子息であるが、南朝廷臣として活動していた。そのため、北朝に属した公賢は息子を勘当していた。実世は前年直義が南朝に降伏した際、これを認めずただちに殺害するように強硬に主張した逸話でも知られる。

直義は、南朝との講和交渉を円滑に進めるために、右の依頼を行ったのである。公賢は、この依頼を受諾した。なお、この頃幕府が南朝に提示する講和条件が三ヵ条にまとめられたらしい。

二八日、醍醐寺の僧清浄光院房玄法印が、幕府が作成した講和条件を記した事書《ことがき》を南朝に提出するために、大和国都谷《みやこだに》へ赴いた。房玄は、三〇日に当時南朝の本拠があった賀名生《あのう》へ到着している。

四月二日、房玄は北畠親房に面会し、徳大寺公量《とくだいじきんかず》に事書を手渡した。同月四日、事書が後村上天皇に披露された。房玄は綸旨を拝領し、僧侶として最高位である大僧正に任命された。また彼は後村上と直接面会し、龍顔を拝している。五日には親房と法談に興じ、九日に帰京、一一日に直義に結果を報告した。

房玄の歓待ぶりを見る限りでは、講和交渉は順調にいっているように見える。しかし結果は不調であり、公賢は一六日にその情報を知った。

しかし直義はあきらめなかった。四月二五日から交渉を再開し、二七日には正儀代官を使者として、再度南朝に事書を提出した。長井広秀・二階堂行珍が奉行として、この事書を作成した。

『吉野御事書案』

右に見た、直義と南朝の講和交渉の応答を要約した史料が残っている。これを『吉野御事書案』という。以下、これを基に両者の主張を簡単に要約しよう。論点は三点あり、それらは皇位継承問題と幕府の存続問題、そして所領問題である。

皇位継承問題について、南朝は後村上天皇に皇統を一元化することを要求した。これに対して直義は両統迭立《てつりつ》（二つの王朝から交互に君主が即位する政治形態）を主張し、この点で対立した。

これに関連して、貞和四年（一三四八）一〇月二七日、北朝で崇光天皇が即位したとき、京都にいた大覚寺統《だいかくじとう》（南朝の皇統）の邦省《くにみ》親王（後醍醐天皇の甥）が崇光の後任の皇太子に立候補している。しかし、直義は腹心の上杉重能を介してこれを阻止し、持明院統（北朝の皇統）の直仁《なおひと》親王（花園《はなぞの》法皇皇子で光厳上皇の養子。実は光厳の実子であった）を皇太子としている。

つまり、この時期でも鎌倉後期の両統迭立の論理が残存していたが、直義はそれを否定し、持明院統への皇統の一元化を図っているのである。しかし、観応の擾乱の狭間《はざま》の段階では、両統迭立へ後退してしまっている。だが、これは講和交渉の性質上、やむを得ない妥協であったと思われる。

幕府については、当然存続を主張する直義に対し、南朝は「足利氏が奪った天下を南朝に返還したうえで判断する」と回答を保留した。これは南朝にとって交渉上での妥協であったと思われるが、それを差し引いても幕府を全否定しなかったことは注目される。

所領問題に関しては、南朝はすべての武士の本領を安堵することを保証した。直義は、南朝の武士が各地の所領を侵略していることを批判した。佐藤進一氏が評したように、確かに両者の議論がかみ合っていないところもあるが（『南北朝の動乱』）、所領問題が解決困難な問題であったことは確かである。

交渉の決裂

五ヵ月に及んだ直義と南朝の講和交渉は、最終的に決裂した。観応二年（一三五一）五月一五日、南朝の使者が入京し、直義の提案が完全に拒否されたことを告げた。北畠親房は、四月二七日に直義が提出した事書を後村上天皇に取り次がずに突き返したのである。

交渉決裂の最大の要因は、『吉野御事書案』に明らかなとおり、やはり皇位継承と所領の問題に関して両者の主張があまりにも隔たっていたことであろう。両統迭立は、これから四〇年後の明徳三年（一三九二）に南北朝合一が実現したときでさえも講和条件となっている。北朝が存在し続ける限り、幕府は迭立論を繰り返して主張するしかなかったのである。所領問題も、尊氏派と直義派の間でさえ解決できない現状に鑑みれば、現実的に即座に達成できない懸案であることは、誰の目にも明白だった。

しかしそれらに加えて、南朝が直義に不信感を抱いたことも大きかったのではないだろうか。南朝に降伏したにもかかわらず、直義が観応年号を使用し続けたことは『吉野御事書案』でも非難されている。また後に後村上天皇が佐々木導誉に下した綸旨にも（後述）、「直義法師は先非を悔いて降伏したのに、即座に心変わりした」と記されている。これは、戦況が有利になるとただちに北朝を守備して大金を献上したことを指すのではないだろうか。

南朝降伏は口先だけのことで、直義の軸足はあきらかに北朝に置かれている。こういう目的のためには手段を選ばない直義の気質も仇《あだ》となった可能性がある。もっとも、手段を選ばないのは南朝も同じではあるが。

講和交渉に熱心であった楠木正儀は、南朝上層部の態度に激怒し、幕府方に寝返って吉野を攻め落とすことまで直義に申し出たという。余談ながら応安二年（一三六九）、正儀は本当に幼少の三代将軍足利義満の許で管領細川頼之が統治する幕府に寝返り、河内・和泉二ヵ国の守護職と摂津国住吉《すみよし》郡の統治を認められた。

もっとも、それもこの時点でははるかに先のことであった。七月九日には、正儀が南朝方として河内国で放火などの活動を行っている情報がもたらされている。

護良親王の遺児

南朝の話が出たところで、興良《おきよし》親王について紹介したい。

護良親王（京都国立博物館蔵）

興良親王は、大塔宮護良親王の遺児である。彼も南北朝動乱初期から南朝の皇族武将として、各地で幕府軍と戦ってきた。暦応四年（一三四一）頃には、常陸国に出現している。しかしこのときは、当時関東にあった南朝総帥北畠親房と衝突して南朝反主流派の分派活動に与し、関東南軍敗北の大きな要因となってしまった。

その後興良は、観応元年（一三五〇）頃から中国地方を中心に活動を行った。それはかなり活発だったらしく、この時期彼が発給した令旨《りょうじ》がかなり多数残存している（東寺百合《ひゃくごう》文書せ函など）。この興良を、播磨守護赤松則祐が担いだのである。そのため、興良は「赤松宮」とも称された。

観応元年正月一一日、赤松円心が死去した。円心の後は長男の摂津守護範資が継ぎ、円心が持っていた播磨守護職も範資が継承した。ところが赤松範資も、翌観応二年四月八日に死去した。摂津守護は範資の嫡男光範、播磨守護は円心の三男則祐が継承した。則祐が播磨守護に就任してはじめて行ったのが、南朝の皇子を担ぐことだったのである。

しかし赤松則祐は、なぜこの時期に興良親王を奉じたのであろうか。ここで注目されるのが、則祐の経歴である。

赤松則祐はもともと、比叡山延暦寺の僧侶であった。元弘元年（一三三一）、天台座主《てんだいざす》（延暦寺のトップ）も務めた護良親王が父帝後醍醐に呼応して鎌倉幕府打倒の兵を挙げると、則祐は護良の側近として当初から彼に付き従い、畿内の山岳地帯でゲリラ活動を行って護良と苦楽をともにした。

父の円心は当初鎌倉幕府方の武将で、京都に攻め寄せた楠木正成軍を撃退したことさえある。しかし則祐が護良の令旨を父の許へ持参し、父を説得して後醍醐方へ寝返らせた。

鎌倉滅亡後の建武政権下では護良は冷遇され、建武元年（一三三四）一〇月に失脚した。建武二年に中先代の乱が起こると、同年七月戦乱のどさくさに紛れて、鎌倉に幽閉されていた護良が足利直義に暗殺された史実は有名である。

赤松則祐（宝林寺所蔵、上郡町教育委員会提供）

よく知られている通説では、赤松円心は護良派であったので、彼の失脚とともに政権中枢から疎外され、播磨守護職も没収された。これを不満に思った円心は足利尊氏に接近した。建武の戦乱では円心は熱烈な尊氏方として大活躍し、戦争の大義名分を得るための持明院統光厳上皇の院宣獲得を尊氏に進言したり、本拠地播磨で新田義貞の大軍を釘付《くぎづ》けにしたりして尊氏勝利に大いに貢献した。

以上が定説である。だがよく考えてみると、この説は少し変である。そもそも護良が失脚したのは、彼が新政内部で強硬な反尊氏派だったからである。護良は尊氏をとことん嫌悪し、ついには尊氏の暗殺まで計画するにいたった。それが失脚の主要因だったのである。それを踏まえると、護良の同志であった円心が尊氏に強力に味方して彼の幕府樹立を助けたのは、論理的に不自然なのである。

円心はドライな武士であったので、情勢を冷静に見極めて尊氏に味方したのであろう。だが息子の則祐は護良の側近中の側近で、彼と一心同体で戦った武士である。やむを得ず父の方針に従ったものの、内心ではずっと尊氏に反感を抱いていたのではないだろうか。

すでに述べたように二月上旬の播磨国滝野光明寺攻撃において、則祐は尊氏―師直に無断で戦線を離れた模様である。謀反の兆しはすでにあった。その則祐が、父と兄の死によって赤松氏当主の座に就いた。折しも彼が内心密かに憎悪する室町幕府は、将軍兄弟が分裂して機能不全に陥っていた。これを好機と見て則祐の野心が頭をもたげ、かつての主君の遺児を担ぐにいたったと考えられるのである。

3　足利義詮の御前沙汰――訴訟制度の大胆な改革

以上、足利尊氏―直義講和期における直義の政治を紹介した。率直に言って、「失政」と評価せざるを得ない。

足利直義派諸将の守護職補任や官途付与は、擾乱第一幕で圧勝した割には限定的にとどまった。引付頭人には直義派が大量に進出したが、寺社本所領の保護を推進し、武士の権益拡大を抑止する引付方に参入することは、彼らにとって必ずしも利益ではなかった。かといって、引付方の判決が実効性に乏しいこともあって、寺社本所の支持を受けたとは必ずしも考えられないこともすでに述べたとおりである。唯一熱心に取り組んだ南朝との講和交渉も、一歩も進展せずに決裂した。

何より致命的だったのは、将軍尊氏の恩賞充行権を温存したことだ。直義は尊氏に圧力をかけて袖判下文を発給させ、自派の武士に対する所領給付を目指した。しかし、先日まで殺し合っていた敵軍の大将に味方の恩賞を与えさせる方法など失敗するに決まっている。自身の権限である所領安堵（厳密に言えば足利義詮の権限であったが）も、著しく停滞した。

要するに、直義に味方した武士の大多数は、満足できる見返りを得られなかったのである。幕政は、事実上の機能不全に陥った。兄弟が講和してからわずか一ヵ月ほどで、早くも両派の不協和音が表面化しはじめた。

三月二九日、斎藤利泰は直義の光厳上皇御所訪問に供奉した。業務を終え、深夜帰宅途中、利泰は路上で何者かに刺殺された。利泰も本書に何度か登場したが、直義に非常に近い幕府奉行人である。利泰の未亡人尼性戒《あましょうかい》は、亡夫が先日拝領したばかりの遠江国村櫛荘地頭職のうち、三分の二を天龍寺に寄進して冥福を祈った（前掲山城天龍寺重書目録）。

四月三日、直義は三条殿の義詮と同居しようとした。しかし、すぐに細川顕氏の錦小路殿に帰った。三月二〇日にも直義が三条殿に移る構想があったらしいが、このときは延期されている。そして四月の段階では、はっきりと義詮に拒絶されたのである。すでに義詮の直義に対する敵愾《てきがい》心が顕在化している。

同月一六日には、直義は錦小路殿を出て山名時氏邸に移住した。以降も細川顕氏の引付頭人在任を確認できるが、顕氏も直義と距離を置きはじめている様子がうかがえる。なお、二五日に直義は三条殿のそばにある押小路《おしのこうじ》東洞院の新邸に移住した。

五月四日、桃井直常がその直義新邸から帰宅する途中、一人の武士が突進してきた。女装していたらしい。直常が事前に武装していたため、襲撃は失敗し犯人は逮捕された。しかし、平時なのに武装しなければならない不穏な情勢である。

同月八日、尊氏が美濃国に逃れるとの噂が流れ、都中が騒然となった。六月二五日には、近江守護佐々木六角氏頼が出家したらしい。たび重なる幕府の不協和音に嫌気がさしたものと考えられる。近江守護は、弟の信詮に交代した。

佐藤進一氏は、「同族佐々木導誉が師直型のタフな人間なのとまったく対照的な気の弱い男である」と氏頼を酷評するが（『南北朝の動乱』）、これはいかがなものか。たとえば後述するように、後に細川顕氏と畠山国清も出家の意向を示した。しかし彼らはその後も力の限り戦い続けているし、むしろタフな部類の武将であろう。氏頼も文和三年（一三五四）に近江守護に復帰し、応安三年（一三七〇）に死去するまで続けている。厭世《えんせい》気分に陥ったのは事実であろうが、氏頼の気の弱さを過度に強調すべきではないと考える。

同月二九日には、信濃で小笠原政長と諏訪直頼の軍勢が交戦した（石水博物館所蔵佐藤文書など）。擾乱第一幕で直義に寝返った政長は、この時点で尊氏派に帰参していた。すでに地方では、戦闘が再開されていたのである。

御前沙汰の発足

実質的に直義の政治となっている状況に反発した義詮は、観応二年（一三五一）六月頃に自らが所務沙汰を親裁する機関を創設した。この機関は、「御前沙汰《ごぜんさた》」と呼ばれる。この御前沙汰において、義詮は御判御教書《ごはんみぎょうしょ》と呼ばれる形式の文書を発給して従来の引付頭人奉書と同内容の命令を下し、直義の権限を侵食しはじめた。

同月一三日、室町幕府追加法第五五条が制定された。これは寺社本所領を強力に保護し、命令に違反する論人の所領三分の一を没収し、沙汰付命令を実行しなかった守護も罷免し、所領三分の一を没収する内容であった。実効性はともかくとして、非常に厳しい法令である。この追加法は、義詮の御前沙汰で制定されたと推定できる。

二五日、先日南朝との講和交渉に尽力した醍醐寺僧清浄光院房玄法印が三条殿の義詮を訪問した。おそらく義詮の御前沙汰へ提訴する訴訟に関わる用件であったと思われる。ここで、大高重成が房玄と面会していることが注目される。すでに述べたように、三月一一日には、重成は錦小路殿で南朝の使者と対面している。その三ヵ月後、義詮に接近しているのである。

御前沙汰発足と引付方との権限の競合は、当然ながら義詮と直義の不和を増大させた。翌七月には、引付方の活動が停止した。直義は、戦わずして自身の制度的拠点を失ってしまったのである。

恩賞方が行う所務沙汰

ところで、御前沙汰結成の母体となった組織は何だったのであろうか。

延徳《えんとく》二年(一四九〇)七月五日、足利義材《よしき》(後の義稙《よしたね》)の室町幕府一〇代目の征夷大将軍就任式が開催された。その行事の一環として御前御沙汰始が行われたが、この儀式の模様を詳細に記した『延徳二年将軍宣下《せんげ》記』には、御前御沙汰の別名を恩賞御沙汰といったことが明記されている。また同記は、恩賞方衆を御前衆とも呼んだことも記す。ちなみに同記によれば、評定は寺社方御沙汰とも称した。

この記事は、義詮の御前沙汰が恩賞方を基盤として形成されたことを示唆するのではないだろうか。はるか後年の戦国時代の史料である点が問題だが、再三繰り返すとおり引付方が直義派の牙城《がじょう》であったので、義詮が引付方の権限を奪おうと考えた際に、自らの勢力圏内にあった恩賞方の機構を流用したことは十分ありうることである。

第1章第1節で述べたように、恩賞方は武士に対する恩賞充行袖判下文と寺社に対する所領寄進状を発給する機関である（厳密に言えば、第3章第1節で触れたように寺社別当職に関する相論も扱った）。それが執事施行状の発給など、執事を介して充行・寄進以外の将軍の意思を表明する場合に仁政方と称したが、今新たに引付方の権限である所務沙汰も義詮が主導して行うこととなった。そこで、その場を特別に御前沙汰と称した。乱暴にまとめれば、こういうことになるだろう。

それにしても、事実上の恩賞方である御前沙汰が所務沙汰をはじめた意義はきわめて大きい。幕府の役割が、訴人・論人双方の主張を聴いて公平な裁定を下す調停者から、政権に貢献した者に対して恩賞として利益を与える主君へと大きく変質したことを暗示するからだ。中世日本の訴訟の性質が、観応の擾乱を境目として画期的に変化しはじめたのである。

理非糺明と一方的裁許

今述べたように、義詮の御前沙汰発足は単に直義との権力抗争で彼の権限を奪ったにとどまらない。引付方と御前沙汰には大きな相違点があった。それは、引付方と異なって、御前沙汰が原則として理非糺明を行わなかったことである。先に紹介した追加法五五条の内容からもうかがえるとおり、御前沙汰では訴人の提訴に従って沙汰付命令を出すのが基本で、論人の反論は聴かない方針であった。

中世日本の訴訟制度史研究については本書の第1章で紹介したが、ここで改めて取り上げたい。中世日本の訴訟制度は、理非糺明と一方的裁許（特別訴訟手続）に大別される。理非糺明とは、訴人と論人双方の主張を聴いて、調停者として公平に判決を下す訴訟である。対して一方的裁許は、訴人の主張のみを聴いて、その主張どおりに判決を下す裁判である。

先代鎌倉幕府においては、当初は一方的裁許が主流であった。しかし貞永《じょうえい》元年（一二三二）、三代執権北条泰時が『御成敗式目《ごせいばい》』を制定すると、理非糺明の訴訟が登場した。嘉禄《かろく》元年（一二二五）に泰時が評定衆を設置し、建長《けんちょう》元年（一二四九）に五代執権北条時頼《ときより》が引付方を設置したことは高校日本史でも必ず教えられるので、ご存じの読者も多いであろう。こうして、鎌倉幕府の理非糺明訴訟は制度的にも発展していった。

こうした鎌倉幕府の執権政治は、後世理想の体制と評価されることになった。武士を見下す南朝の北畠親房も、義時・泰時の政治は善政と称《たた》えた。足利直義も彼らの政治を理想とし、評定―引付方という鎌倉幕府の政治体制をそのまま踏襲した。

実は、それは現代の中世日本史研究者も同じである。そうした研究者の目から見ると、理非糺明の要素が後退して一方的裁許の世界へ回帰していった室町幕府の訴訟など、悪《あ》しき先祖返りで退化にすぎない。室町幕府低評価論の大きな理由の一つであろう。

しかし理非糺明の訴訟は、そこまですばらしいものだったのだろうか。訴訟制度の研究が進展し、現代に残る判例の詳細な検討が行われると、その実態が理想とはかなりかけ離れているらしいことが明らかになってきた。

現実の裁判では、そもそも論人が幕府の陳状提出や出頭などの命令に応じない事例が非常に多い。しかし幕府は、命令を無視し続ける論人を特に罰することなく、同じ命令を繰り返し発し続ける場合が多かった。

やっと論人が応じても、まだまだ道は険しい。論人の多くは、論点をすり替え拡散させ、問題をいっそう複雑にしていく傾向があった。審議は多大な時間を要し、その間論人は所領の押領や年貢の不払いを継続し、さらに論点が増加して難解になっていった。鎌倉幕府の裁許下知状はおそろしく長文で、論点を何ヵ条も列挙したものが非常に多い。

ようやく勝訴の判決が下されても、まったく安心はできなかった。論人が越訴《おっそ》や覆勘《ふっかん》と呼ばれた控訴の手続きを取れば、訴訟はまた振り出しに戻る。幕府は不易法《ふえきほう》（一定の期間を過ぎた判決に対する異議申し立てを禁止する法）を制定するなどして控訴を制限する政策を行ったが、それも限界があった。

しかも鎌倉幕府においては沙汰付のシステムが未成熟であったので、判決の実現も基本的に勝訴者の自助努力であった。論人が実力で係争地を占領し続ければ、泣き寝入りするしかない。何より、今も昔も訴訟には莫大《ばくだい》な費用がかかる。長引けば長引くほど、多くの経費をつぎ込まざるを得なかった。

泰時が理非糺明の訴訟をはじめた頃には、確かに利点も多かったに違いない。しかし鎌倉末~南北朝期には弊害が目立ちはじめており、理想の訴訟とは程遠いのが実態であった。

こうして見ると、義詮の御前沙汰がいかに画期的なものであったかがよくわかるであろう。正当な根拠を有する(と確信する)訴人にとっては、わざわざ論人の主張を聴く必要など存在しない。早く勝訴の判決を拝領し、守護の沙汰付で所領や年貢を奪回したい。こう希望する訴人たちに、義詮の政策は大歓迎されたに違いないのである。

ちなみに鎌倉初期の一方的裁許と今回の一方的裁許は、似て非なるものである。鎌倉初期の一方的裁許は、評定—引付方といった訴訟機関が未整備の状態で行われたものであった。だが南北朝期は、幕府の訴訟制度も発展してノウハウが豊富に蓄積された段階である。有能な奉行人も多数そろっていた。一方的裁許で済ませてよい案件と、理非糺明に移行すべき案件を適切に識別できる体制が整っていたのである。

結果的にせよ、御前沙汰こそが新たな室町幕府体制への大きな第一歩となった。これが鎌倉以来の理非糺明訴訟に依然こだわっていた直義との違いを生み出し、尊氏—義詮が勝利できた大きな原因の一つとなったのである。ただし、こうした改革が目立つ成果を見せるのは、どうしても時間がかかる。室町幕府は、まだまだ存続をかけた大決戦を続けなければならなかったのである。

茶番劇

七月八日、直義は孤立していると世間に評され、洞院公賢はその噂を『園太暦』に記した。同月一九日、ついに彼は、二階堂行諲を使者として尊氏の許へ派遣し、政務からの引退を表明した。義詮との不和をその理由に挙げた。

尊氏はこれを受諾し、今後は義詮を政務担当者とした。義詮の三条殿体制の復活である。もっとも、御前沙汰の発足によって事実上はすでに復活していたが。この日、軍勢が三条殿に集結し、直義は京都西郊に隠居する見通しであった。

だが尊氏は思い直し、上杉朝定を使者として派遣し直義に翻意を説得した。問答が七〜八回に及び、直義はようやく政務復帰を了承した。二二日には尊氏・直義・義詮の三人が面会し、誓約の告文《こうもん》を作成した。

表面上は円満解決を演出しているが、そもそも繰り返すように、この時点ではすでに義詮の御前沙汰が始動し、直義の引付方が消滅している。そうした体制をどうするか、なんら具体的に取り決めないままの和解に実効性が存在するわけがない。

こんな茶番劇を演じている間にも、事態はどんどん推移していった。一〇日頃、播磨守護赤松則祐が興良親王を奉じて武力蜂起した。一三日には、則祐を討伐するために義詮が播磨国へ出陣することが北朝へ奏聞されている。

二一日前後の数日間には、擾乱第一幕で尊氏派として奮戦した武将たちが続々自身の勢力範囲へ下って行った。『太平記』によれば、仁木頼章は病気を口実に摂津国の有馬《ありま》温泉へ赴いた。仁木義長は伊勢国、細川頼春は讃岐国、佐々木導誉は近江国、赤松貞範《さだのり》らは播磨国、土岐頼康は美濃国へ下向した。『園太暦』『房玄法印記』には、他に仁木義氏・細川清氏・佐々木京極秀綱・今川頼貞らの名も見える。また、高定信・大平義尚・安保直実といった高一族庶流や師直被官が挙がっているのも興味深い。

二二日には義詮の播磨遠征が正式に決定され、義詮は高師秋の邸宅を訪問した。大高重成と同様、師秋も高一族では数少ない直義派であった。その彼でさえ、義詮に接近している様相がうかがえるのである。

二七日には、義詮の正妻渋川幸子が男児を出産し、京都政界は祝賀ムードに沸いた。待望の将軍家世継ぎの誕生である。義詮の幼名と同じく、千寿王丸《せんじゅおうまる》と名づけられた。だが千寿王丸は、文和四年(一三五五)七月二二日に五歳で夭折《ようせつ》している。

二八日には、将軍尊氏が佐々木導誉を討伐するために近江国に出陣している。前日出陣が予定されていたが、初孫の誕生によって延期されたのである。直義と義詮は、賀茂川の河原まで出てこれを見送った。尊氏軍は、石山寺に逗留した。

佐々木導誉は赤松則祐の舅《しゅうと》であった。則祐が挙兵して間もなく、彼も娘婿に同調して南朝に寝返ったらしい。事実、八月二日付で導誉が南朝後村上天皇から尊氏・義詮・直義追討の綸旨を賜った記録も残る（『浄修坊雑日記』）。美濃の土岐氏も、導誉に呼応して蜂起した。土岐氏も後村上の綸旨を拝領したようだ。

二九日には、いよいよ義詮が播磨へ出陣する予定だったが、急遽《きゅうきょ》延期された。これは、義詮軍に従軍するはずだった石橋和義が突然出家したためである。中間派の和義は、虚実入り交じった幕府内の政争に嫌気がさしたのではないだろうか。だが同日夜、義詮は思い直して出陣した。

またこの日、仁木義長が伊賀国で軍勢を集結させて伊勢国に攻め入って伊勢・志摩守護石塔頼房と合戦を行ったが、弟義氏が戦死したとの報が京都に入った。合戦の実否はともかく、仁木義氏は後に武蔵守護代となっているので義氏戦死に関しては誤報である。

なお、こうした諸将の動向を見ると、直義は擾乱以前に保有していた一元的な軍事指揮権も喪失していたことがわかる。

二度目の京都脱出

ふと気づくと、尊氏―義詮父子はもちろん、尊氏派の諸将も大半が京都を出ていた。これは京都の直義を包囲して殲滅《せんめつ》する尊氏の謀略である。そう解釈した直義は、桃井直常の進言に従って三〇日の深夜に京都を脱出して北陸へ向かった。

これが、従来からの不動の定説である。しかし、これも果たして事実だったのであろうか。

金崎宮（金ケ崎城跡、福井県敦賀市）

より正確に言えば、直義がそう解釈したのは確かだろうが、尊氏が本当に直義の包囲殲滅を意図していたのかは疑問が残る。すでに述べたように、赤松則祐と佐々木導誉の南朝寝返りはほぼ事実であったと考えられる。包囲殲滅作戦は直義の誤解であった可能性を排除できない。尊氏にとって、直義の京都脱出は予想外の出来事であったかもしれないのである。

そうはいっても、少なくとも直義が北陸へ向かったのは確かである。このとき直義に供奉した主な武将は、斯波高経・桃井直常・上杉朝定・同朝房・山名時氏・畠山国清・上野頼兼・吉良満貞・同満義・高師秋・長井広秀・二階堂行諲・諏訪直頼・赤松光範である。大半が、擾乱第一幕において直義派として活躍した武将たちである。

だが、この一行には大高重成が入っていない。彼は希望していたと思われる若狭守護に補任されなかったばかりか、官職も建武期の伊予権守に据え置かれたままで尊氏派の細川清氏に追い越された。努力に報いない直義に嫌気がさして、この時点で見限ったのである。

また細川顕氏も直義には従わず、義詮から京都守護を命じられた。当時の顕氏は直義にもっとも忠実な武将であると世間に評されていたので、この変節には洞院公賢も慨嘆した。

このとき直義に従った武将も、全員が彼に心の底から忠誠を尽くしていたわけではないようだ。高師秋は、二二日に自邸に義詮を招いている。彼も任官で多少優遇された程度で、守護分国も所領も獲得したわけではなかったし、何より執事に任命されなかった。今回の北陸下向は、悩んだ末の選択だったのではないだろうか。斯波高経・山名時氏・畠山国清・二階堂行諲も、後に尊氏に帰参している。ただし、赤松光範のように逆に尊氏派から直義派に転じたらしい武将が存在することは注目される。

八月六日までに直義は越前国敦賀《つるが》へ到着し、金ヶ崎城へ入城した。一五年前に越前へ没落した新田義貞と、行動パターンがよく似ていることが指摘される。

若狭は山名時氏、越前は斯波高経、越中は桃井直常、越後は上杉憲顕と、北陸は直義派の守護で占められており、信濃の諏訪氏や関東の上杉氏ともつながり、あるいは山陰の山名氏を介して九州の足利直冬とも連携が可能だった。こうした地理的特性が、直義が逃亡先に越前を選んだ理由だ。だが、これは直常が述べた意見で、直義自身の主体性は感じられない。

尊氏・直義兄弟の和平はわずか五ヵ月で破綻し、観応の擾乱第二幕がはじまった。

第5章　観応の擾乱第二幕

1　落日の直義――関東への撤退

北朝の比叡山移転問題

足利直義の出奔を知った三条殿足利義詮は観応二年（一三五一）八月三日、将軍足利尊氏は同月五日に帰京した。

翌六日、尊氏は寝返ったばかりの細川顕氏を使者として越前国金ヶ崎城に滞在する直義の許へ派遣し、帰洛して政務に復帰することを「懇望」した。ここからも、尊氏が直義を欺く意図がなかったことがうかがえる。また尊氏は、直義が力を入れていた南朝との講和交渉を継続することも表明した。

だが桃井直常の上洛を尊氏が拒んだため、これは実現しなかった。どうも、桃井直常の存在が講和の障壁となっていた模様である。五日には、義詮が若狭国の武士本郷貞泰《ほんごうさだやす》に対して、同国に侵入した山名時氏・上野頼兼・赤松光範の討伐を命じている（古証文）。

注目すべきは、この段階ですでに尊氏が関東へ下向し、義詮に京都の留守を託す構想が流布していることである。直義が関東へ転進する可能性を尊氏が想定していたのは、一〇日付で信濃国の小笠原政長宛に発した命令からも裏づけることができる（勝山小笠原古文書）。ただし今述べたように、このとき尊氏は直義との講和を試みている。この段階では、直義の東国転進はあくまでも可能性の一つとして想定されていたにすぎなかったのであろう。

『太平記』によれば、越前国の直義に加わる武士の数が日に日に増えて、最終的に六万騎に到達した。ただ、この記述は信用できない。当時の彼にこれほどの求心力があるのなら、京都を脱出する必要さえなかった。確かに当時の史料から直義に参上した武士も確認できるが、大勢力になったとは到底思えない。

同記は続けて、大軍を擁したにもかかわらず直義が京都に攻め上らなかった理由を藤原《ふじわらの》有範《ありのり》の意見を採用したからとする。この時期の直義に主体性がなく、ただ周囲の思惑に沿って行動している様相がここからもうかがえる。

ここで登場する藤原有範は、藤原南家《なんけ》の中で儒学者を輩出した家系出身の公家である。公家であるにもかかわらず、室町幕府の禅律方《ぜんりつかた》なる機関の頭人を務めていた。禅律方とは、直義が管轄した機関の一つで禅宗・律宗《りっしゅう》関係の訴訟を扱った部署である。有範は直義ときわめて近い関係にあり、北陸下向にも供奉していたのである。

有範が京都攻めに反対した具体的な理由はよくわからない。殷《いん》の紂王《ちゅうおう》の故事を記した長文が延々と続くだけである。実態は、京都に反攻できるだけの兵力が集まらなかっただけであろう。上杉重能・畠山直宗が師直を讒言《ざんげん》した記事もそうであるが、『太平記』は事象をうまく説明できない場合、中国の歴史を長文で記してごまかす傾向があるようだ。

それはともかく八月一八日、尊氏は義詮を伴って近江国に出陣した。その軍勢は二〇〇騎あまりであった。こちらはこちらで、擾乱第一幕の痛手を回復していなかったようである。だが鏡《かがみ》宿に本陣を設置した尊氏の許に、佐々木導誉―秀綱父子が近江の軍勢を引き連れて馳せ参じた。南朝に寝返った導誉は、この段階で尊氏に帰参した模様である。また仁木義長が伊賀・伊勢の軍勢を、土岐頼康が美濃国の軍勢を率いて参上したので、尊氏軍はかなりの規模になった。

二〇日には、直義が明日敦賀を発って近江国坂本に入り、明後日赤松則祐が播磨国を出て入京するとの情報が京都にもたらされたが、これらは誤報であった。ただし、則祐が依然「宮方《みやかた》」（南朝方）と表現されていることは注目に値する。尊氏は、直義の越前下向という突発的な事態が発生したため、播磨における則祐の反幕活動を放置せざるを得なかったのである。

二二日、直義が書状を比叡山延暦寺の三門跡《もんぜき》に送ったとの情報が、京都の洞院公賢の許に到来した。その書状には、南朝軍が京都を占領する危険があるので、光厳上皇・崇光天皇が比叡山に避難し、三門跡が保護すべきことが書かれていた。

しかしこれは、余計なお世話というべき要請である。公賢も、「迷惑」と感想を記している。妙法院門跡がこれを光厳に報告したが、光厳も周章狼狽《しゅうしょうろうばい》してただちに返答しなかったという。

翌二三日には藤原有範が直義の使者として公式に北朝に参内し、直義の意向を伝えた。北朝が比叡山に移ることを決めかねていたところ、有範は早く決断するようにとせかした。公賢は、帝都を出て悲劇的な最期を遂げた安徳《あんとく》天皇と後醍醐天皇の不吉な先例を挙げ、今回の申し出は熟慮すべきであり、広く人々と相談するべきだとの意見を北朝に申し入れた。あきらかに、公賢は反対している。

二四日には、北朝は直義の申し出を受諾する意向だったらしい。しかし九月一日には結局比叡山行きは中止され、有範は北陸へ帰った。公賢は、これを天下の大慶と喜んだ。

もし直義の思惑どおりに北朝の比叡山移転が実現したとしても、遠く越前に在陣する直義の戦況が即座に好転したとは思えない。これは、北朝を意のままに操る力量があることを示すことに意味があり、そのことで主導権を握る目的があったのだろう。物理的な軍事戦略というよりは、名分的な意味合いが強かったと思われる。

ただし北朝の立場に立つと、先例が不吉であることを除けば、直義の要求はそれほど非現実的だったとは思えない。尊氏―義詮父子は近江国に出陣して京都に幕府は不在である。いつ南朝軍に京都を占領されてもおかしくはない状況であった。もっとも、その状況を作ったのは直義であるが。加えて後述するように、北朝はすでに尊氏が南朝と講和交渉を進めている情報もつかんでいた。にもかかわらず、比叡山に行かなかったのである。

結局、北朝が直義の要請を拒絶した理由は、前年の南朝降伏およびその後の講和交渉が最大の理由であったと考えられる。長年信頼関係を培ってきた光厳を裏切り、講和交渉では両統迭立論に後退した。そんな直義を光厳は許せなかったのではないか。直義の行動は、南朝と北朝双方から強い不信感を招いた。ここに直義と光厳は、永遠に決裂したのである。

近江戦線

近江国では、九月二日頃から尊氏軍と直義軍の散発的な戦闘がはじまっていたらしい。九月三日、直義派の丹後・但馬守護上野頼兼が丹後国で戦死した。翌日、南朝の結城氏の軍勢や但馬国の悪党が丹後に乱入し、さんざん濫妨を行った。

七日、直義は畠山国清・桃井直常を大将として近江に出陣させた。彼らは八相山《やあいやま》に布陣した。この山は虎御前山《とらごぜんやま》の南の尾根にあたり、戦国時代に織田信長が浅井長政《あさいながまさ》の本拠地である小谷《おたに》城を牽制する城郭を築いたことでも知られる。

直義自身は、金ケ崎城を動かなかったようだ。打出浜のときと同様、国境も異なっている。やはり消極的である。

一〇日、石塔頼房軍が伊勢国から近江国に侵入し、同国守護佐々木山内信詮と佐々木導誉の軍勢を撃破した。その後、頼房軍は八相山の直義軍に合流したらしい。

一二日、尊氏軍が八相山を攻撃した。佐々木導誉の家臣多賀将監《たがしょうげん》が、直義軍の秋山光政を討ち取った。秋山光政は、一貫して直義派だった武士である。降伏して出家した師直が尊氏に供奉するのを拒絶して、横死の一因を作った人物でもある。直常はなお抗戦を主張したが他の武将が異議を唱え、結局直義軍は越前に撤退した。

九月二〇日頃から、尊氏と直義の講和交渉がはじめられた。二一日、直義は越前国を発して近江国へ向かった。二四日頃には講和が成立しかけたが、桃井直常がぶち壊したとの情報が京都にもたらされた。ここでもまた、直常の存在がネックとなっている。

だが実際は、交渉は順調に進展した模様である。翌二五日、細川清氏が上洛し、二四日にいずれ尊氏・直義兄弟が面会することが決定した旨を伝えた。直常が破談させた情報は誤りだったらしい。公賢は清氏の書状を直接確認して、情報の正しさを確信した。二六日には、尊氏が一〇月一日、直義が翌二日に入洛するだろうとの予測まで伝わった。

同月三〇日、前天龍寺住職夢窓疎石が死去した。少し前から体調が悪化して、公職を退いていた。幕府内部の抗争に対し、疎石が調停に努めていたことはこれまでも触れてきた。講和が実現しないまま死を迎えたことは無念だったろう。

一〇月二日、尊氏と直義は実際に近江国錦織興福寺《にしこおりこうふくじ》で対面した。五日には、講和が成立して直義が近江国坂本、尊氏が同国石山に入ったとの情報がもたらされた。これらの経緯を記録した洞院公賢は、「神妙」と喜んでいる。

直義、関東へ

ところが、現実には講和は破綻していた。同月五日付で、尊氏は信濃守護小笠原政長に対し、直義が関東へ向かうとの情報があるので進路を妨害するように命じる御判御教書を発した（勝山小笠原古文書）。八日、直義は近江国を退去して再度北陸へ逃れた（豊後竹田津文書）。一一日には、直義自身が関東下向の意思を表明した（近江小佐治文書）。

講和破綻の報は、七日に洞院公賢の許にもたらされた。石塔頼房が瀬田の橋を破壊し、坂本を経由して直義の本陣に向かったとのことである。夜には、直義が塩津《しおつ》のあたりにいるとの情報も入った。

実際、直義はこの後北陸道を経由して鎌倉へ向かった。この頃越前守護斯波高経が尊氏に寝返ったらしい事情も大きいが、これも桃井直常の進言に従ったことであるらしい。

一一日、細川顕氏と畠山国清が出家の意向を示した。今回の和睦交渉に尽力したのに、成立しなかったので面目を失ったというのがその理由であった。尊氏は、彼らを説得して翻意させている。

この時点で、細川顕氏に続いて畠山国清も尊氏に帰順したことがわかる。国清は、もともと尊氏派の中核として知られた武将である。高師直亡き今、不毛な戦いを続けることにさすがの彼らも嫌気がさしたのであろう。

こうして見ると、尊氏派では義詮、直義派では桃井直常・石塔頼房くらいしか主戦派は存在せず、両軍の総大将の尊氏・直義以下ほぼ全員に厭戦気分が蔓延《まんえん》している。それでも対立は収まらない。何とも不思議な戦争である。

少し戻って尊氏と直義が直接面会した一〇月二日、大高重成が若狭守護に任命された(『若狭守護職次第』)。重成は直義に味方しても回復できなかった同国守護を、尊氏派に転じたことによって獲得したのである。彼にとっては、これが四度目の若狭守護就任であった。

重成は大崎八郎左衛門入道を守護代として現地に派遣し、前任の守護山名時氏に従っていた直義派の武士たちとの戦いがはじまった。だが二一日、重成派の本郷泰光《やすみつ》・松田惟貞《まつだこれさだ》が戦死した(若狭本郷氏関係文書)。翌一一月には、守護代大崎が同国から追い出された(前掲『若狭守護職次第』)。翌文和元年(一三五二)、若狭守護は斯波家兼に交代したと推定されている。

また話を戻して一〇月一二日には、二階堂行珍が上洛した。彼も直義と袂《たもと》を分かち、尊氏に帰順したのである。二階堂氏は、藤原南家の武智麻呂《むちまろ》を祖先とする。先祖行政《ゆきまさ》が源頼朝に仕え、以降鎌倉幕府の政所執事や評定衆を務める文筆官僚の家柄であった。多くの系統に分かれて繁栄し、室町幕府においても引き続き文書行政を担った。行珍も政所執事を務めるなど、室町幕府の有能な官僚として幅広く活躍した。

一四日、尊氏と義詮が近江の陣を引き揚げ、京都に戻った。翌一五日、尊氏は天龍寺に参詣し、夢窓疎石の冥福を祈った。この日はまた、醍醐寺の清浄光院房玄が死去している（『常楽記』）。房玄は、先に直義の南朝との講和交渉で使者を務めて講和に尽力した人物であった。また、観応の擾乱の一級史料である『房玄法印記』（『貞和四年記』と『観応二年日次記《ひなみき》』の二部に分かれ、『醍醐地蔵院《じぞういん》日記』の異称もある）の記者でもある。

仁木頼章の執事就任

一〇月二一日、幕府で沙汰始が開催され、義詮が文書に署判を行った。このとき、仁木頼章が新たに執事に任命された。二月二六日に高師直が死去して以来、およそ八ヵ月ぶりの執事登場である。

仁木頼章も、本書でたびたび言及していた武将である。彼が執事に抜擢されたのは、当然今までの尊氏―義詮父子に対する忠誠と武将としての力量が評価されてのことであろう。頼章は、建武の幕府創業から一貫して尊氏に勲功を積み重ねてきた。特に擾乱第一幕においては侍所頭人として京都の義詮をよく補佐し、義詮の丹波国在陣中も彼を支え続けた。その過程で、尊氏父子の絶大な信頼を得たと考えられる。

だが特筆すべきは、平安以来の足利氏の歴史で、初めて高一族以外の人物が執事に就任したことである。当時も高一族はかなり生き残っていたが、この難局に際して執事の重職を任せられるのは、実績や忠誠心を考慮すれば庶流の南宗継くらいしかいなかった。頼章の執事就任は、当初はいずれ高一族に返還するまでの中継ぎと想定されていた可能性も存在するが、結果的に高一族が執事に復帰することは二度となかったのである。

ところで、頼章の執事就任が義詮の沙汰始と同時に行われていることが注目される。これは、頼章が尊氏だけではなく、義詮の執事ともみなされていた証左なのではないだろうか。前任者高師直も、尊氏と直義・義詮の共通の執事と考えられることは先に述べた。この時期も三条殿体制の継承であったと考えられるので、頼章の執事もその体制を踏襲したのである。

2 正平の一統——尊氏、南朝方に転じる

恵鎮上人

ところで将軍尊氏は、近江国で直義と戦う一方で、南朝との講和交渉も進めていた。その過程も、簡単に紹介しよう。

尊氏と南朝の講和交渉が記録に初めて出現するのは、観応二年（一三五一）八月七日である。法勝寺《ほっしょうじ》の恵鎮《えちん》上人が北朝廷臣の洞院公賢の許に使者を派遣し、尊氏の命で自身が南朝に赴いて講和を申し入れる旨を伝えた。

八月七日と言えば、尊氏が細川顕氏を使者として直義の許へ派遣し、講和交渉を行った翌

日である。前述したように、尊氏は直義との講和条件に南朝との講和交渉の継続を掲げている。よってこの段階での講和交渉は、その「公約」の実行であり、後の段階のように直義打倒のために南朝と同盟する意図はなかったと考えられる。

また恵鎮は、このとき体調不良を理由に使者の役目を断ろうとしたが、抗しきれなかったという。尊氏の強い意志を感じとれる。

だが当初南朝は、尊氏の講和申し入れを激しく拒絶した。恵鎮は山中に追い出されたという。有利な条件で講和を結ぶためにあえて冷たい態度を取ったとする見解もあるが、これも結果論である。本当に怒って使者を追い返した印象である。なんら成果を得ることなく、恵鎮は一二日に帰京した。

なぜ、このとき南朝は尊氏の申し出を拒絶したのであろうか。この理由は、大別して二つあると考えられる。

まずは、恵鎮上人の経歴である。恵鎮は別名を円観《えんかん》といい、もともと後醍醐天皇側近の僧侶であった。元弘元年（一三三一）の元弘の変では、鎌倉幕府に逮捕されて陸奥国へ流されている。ところが朝廷が分裂すると、恵鎮は北朝側について京都にとどまった。足利直義に『太平記』を見せて校訂を決意させた僧侶としても知られる。

尊氏は南朝の使者の人選について、南朝との太いパイプを持つ僧侶ということで恵鎮を選んだのであるが、これは逆効果であった。南朝にとって恵鎮は裏切り者であり、一貫して敵だった人間以上に許せなかったのだろう。恵鎮が最初使者を断ったのも、彼自身がそれを自覚していたからだと思われる。

しかしそれ以上に、直義との交渉失敗が尾を引いていたのが大きいと考えられる。南朝は直義との交渉を通じて、幕府にいっそう不信感を持ったのではないだろうか。前述の佐々木導誉宛の後村上天皇綸旨にも、それをうかがわせる記述がある。

以上から、当時の尊氏にとって、南朝との講和は現代の我々が想像するよりもはるかにハードルが高い難事業だったと推定できるのである。

赤松則祐の動き

しかし尊氏はあきらめなかった。尊氏が二階堂行譚・安威資脩《あいすけなが》を播磨国の赤松則祐の許へ派遣し、則祐を介して南朝に講和を申し入れたとする情報が、九月三日に公賢の許へ届いた。

これは、さまざまなことを示唆する重要な史料である。まず、直義派として彼の北陸没落に供奉した二階堂行譚が、この時点までに尊氏に帰参していることが知られる。二階堂行譚は、鎌倉幕府で引付頭人を務めていた古参の文筆官僚である。室町幕府においても政所執事を務めるなどした。安威資脩は幕府奉行人であるが、直義に疎まれて失脚したこともある。

しかし何より重要であるのは、興良親王を奉じて南朝方に転じて尊氏に反逆していた赤松則祐が、九月段階では尊氏に接近して南朝との同盟を仲介していることであろう。

則祐が尊氏と和した詳細な事情は不明である。護良を直接殺害したのが直義であるので、尊氏以上に直義に対する憎しみが強かったのかもしれない。

少なくとも、佐々木導誉の存在が大きかったのは確からしい。則祐が導誉の娘婿であったことは先にも述べた。導誉は八月中旬までには尊氏派に復帰しているので、則祐は導誉を介して尊氏に帰順したのではないだろうか。

ちなみに二階堂行譚の娘が導誉に嫁ぎ、秀宗《ひでむね》を生んでいる。行譚の尊氏派入りも、導誉との血縁関係によるのではないか。どうもこの時期、直義派や南朝の武将の引き抜きに、導誉が背後で暗躍している気配がうかがえる。

九月一二日、赤松則祐軍が播磨国伊川《いかわ》城を攻撃し、二六日には摂津国須磨《すま》城、二九日坂《さか》根《ね》・稲野《いなの》で合戦を行った。これらの戦いに参加した後藤基景《ごとうもとかげ》に対して義詮が感状を発給しており（以上、播磨後藤文書）、このとき則祐が戦った相手は直義派であったと推定されている。ここからも、則祐が尊氏と通じている様子がうかがえる。

一〇月二五日には、南朝が幕府の提示した講和条件をほぼ受け入れたとする報が京都に入った。およそ二ヵ月を要したが、南朝との講和は成功したのである。

それにしても、この時期の尊氏の動向は活発である。直義に和戦両様の構えで臨み、同時に南朝との講和も成し遂げた。しかも自身に敵対していたはずの赤松則祐の存在を逆手にとって、そのパイプを利用してである。かつて御所巻を逆用して最大の利益を得た際の政治的手腕を彷彿《ほうふつ》とさせる。情勢がどう転んでも対処できるように、柔軟な策を複数用意する周到深さも興味深い。

すでに述べたように、将軍尊氏は政務を基本的にすべて三条殿直義や執事師直に委任し、自身は極力表に出ないようにしていた。しかし師直が亡く、直義も敵対した今、いよいよ前面に出て行かざるを得なくなったのだが、その手腕はなかなか大したものである。皮肉なことに幕府の窮地に直面したために、四七歳にして征夷大将軍としての尊氏の真価がついに開花しだしたのである。

正平の一統の成立

一一月二日、赤松則祐が上洛した。彼も正式に幕府に帰参したのである。また南朝の使者忠雲《ちゅううん》僧正が山城国宇治に滞在しており、この日入京して講和条件の細部を詰めた。

翌三日、義詮が賀茂親承の坊に赴き、ここで忠雲と対面して正式に講和を締結した。忠雲は義詮に、講和条件を記した南朝後村上天皇の綸旨を渡した。義詮は政務を統轄する三条殿として、この任務を遂行した。

講和条件は、①元弘一統の時代に回帰する、②直義を追討する、という二点であった。後村上天皇の綸旨が正式に発給された。

しかし尊氏は、この講和条件に内心不満を抱いていたらしいことが『園太暦』に記されている。また締結直前の一〇月二八日頃に尊氏が義詮を追討するという噂が流れており、この頃の父子の対立が相当深刻であった気配もうかがえる。この段階では、講和交渉は義詮が則祐・導誉とともに主導したことを『園太暦』から確認でき、尊氏は脇に置かれていた可能性が高い。

大胆に推測すれば、尊氏は講和条件②に反対したのではないだろうか。前述したように、もともと尊氏が南朝との講和を目指したのは、直義との和解の手土産《てみやげ》にする目的であった。それが直義追討の手段に転化するのは本末転倒である。後述するが、尊氏はなお直義との講和をあきらめていなかった節もある。だが、綸旨で直義討伐を明文化されてしまうと、少なくとも綸旨を遵守する限りは直義と和解する余地がなくなってしまう。

一方、直義に対して強硬な態度をとる義詮にとっては、直義追討を講和条件に加える方が好都合である。和解するためか、打倒するためか。尊氏と義詮では、そもそも講和の目的が正反対だったのであり、両者の齟齬を生み出す根本要因となっていたようである。

また、尊氏は幕府の存続について明言されていないことも不安だった模様である。そこで彼は念のために、後村上から下された綸旨に対して提出した請文に「直義入道と直冬の党類については、当方に相談しながら退治することを官軍にお命じになるようにお願いします」と記した。つまり、自身が軍事指揮権を持っていることを暗黙の前提として南朝に釘を刺しているのであり、少なくとも尊氏が幕府の存続を念頭に置いてこの講和をとらえていたのは確実である。

定説では、直義が真剣に南朝との講和交渉を行ったのに対し、尊氏は直義を倒すためだけに適当に講和を結び、いずれ約束を反故《ほご》にする腹づもりであったとされる。ここにも戦後直義を高く評価してきた影響がある。しかし筆者は、これも再検討の必要があると考えている。

もともと尊氏は後醍醐天皇に叛意はなかったのが、直義に強引に引っぱられて挙兵した。やむを得ず、途中から政治目標を「後醍醐の承認の下に幕府を開く」に変更したと推定される。しかし目的を果たせず、後醍醐の崩御を迎えてしまった。

その経緯を踏まえると今回の講和は、少なくとも尊氏の解釈ではかつての彼の目標と限りなく近いことがわかる。直義追討については不満を持っていた気配がうかがえるものの、それを除けば案外まんざらでもなかったのではないだろうか。

そもそも尊氏は、最初から北朝に強い思い入れなど抱いていなかった。建武新政の時代には、尊氏にとって持明院統の光厳上皇は敵であった。北朝を樹立したときも、光明天皇の皇太子に後醍醐皇子の成良《なりよし》親王を擁立したほどである。

加えて、北朝への皇統一元化はむしろ北朝から幕府に積極的に働きかけていたことを家永《いえなが》遵嗣《じゅんじ》氏が解明した（「光厳上皇の皇位継承戦略と室町幕府」）。これは、南朝がその気になればいつでも帰京を歓迎して皇位に就ける姿勢を幕府が持っていたことを暗示する。

だいたい尊氏が適当に講和を結んだのなら、義詮が主導で作った条件に異議を唱えるわけがない。条文をきちんと読んで考慮した証拠である。真剣だったのは、むしろ尊氏なのではないか。

このとき成立した南朝と室町幕府の合体を、「正平の一統《いっとう》」という。

3　薩埵山の戦いと直義の死

足利尊氏の東国出陣

南朝との講和手続きが完了した翌日の観応二年（一三五一）一一月四日、将軍足利尊氏は京都から出陣した。一六年前、尊氏は中先代の乱に敗北した弟直義を救うために京都を発った。今は、その弟を倒すために京都を出るのである。

このとき、執事仁木頼章・同義長・畠山国清・千葉氏胤・武田信武・二階堂行珍らが尊氏に供奉した。千葉氏胤も、このときまでに尊氏派に転じたことがわかる。南宗継はこのときは同行せず、後から出発したらしい。出発時の尊氏の軍勢はわずか一四〜一五騎ばかりであったので、近江国石山あたりで態勢を整えた。残りの諸大名は、京都で留守を預かる三条殿義詮を守備した。

建武の戦乱に際しては、直義が常に先陣を切って敵と戦い、尊氏は後方に控えていた。しかし擾乱期に入ってからは逆で、むしろ尊氏が最前線で戦い、義詮は後方で待機している。

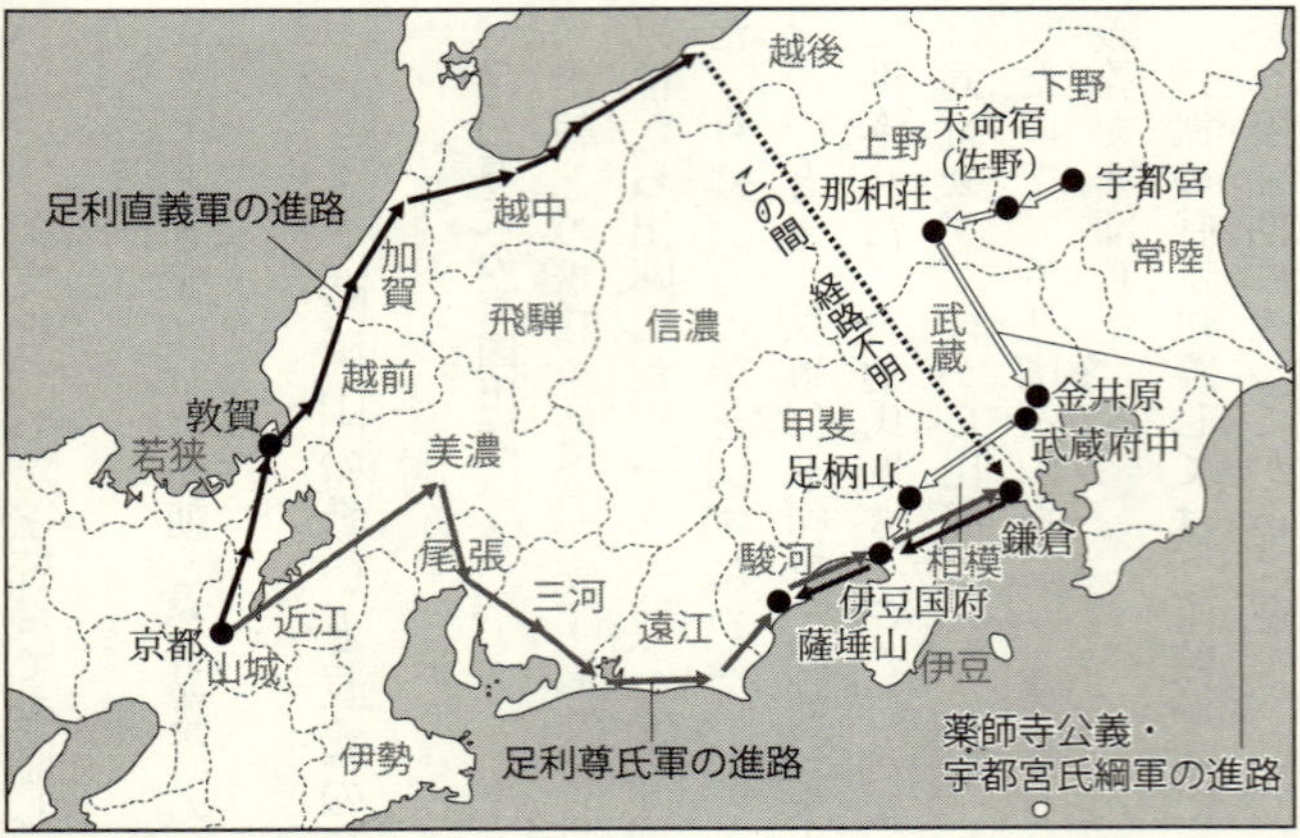

観応の擾乱第二幕の地図

ここにも尊氏の意識の変化が看取できる。

もっとも義詮は、尊氏を追って自らも出陣しようとしたらしい。同月八日頃、尊氏は饗庭命鶴丸と朽木《くつき》某を使者として義詮の許に派遣し、それを制止している。だが義詮は納得せず、一〇日に出陣する意向を示すが、結局実現しなかった。どうもこの頃、尊氏父子は意思疎通を欠いていたようである。

尊氏もただのお人好しではない。正平の一統が成立しても、万一の事態に備えて義詮を待機させていたのであろうか。あるいは、義詮が対直義強硬派であるので遠ざけた可能性もある。このとき義詮が、自身が下向すべき理由に執事仁木頼章が尊氏に従っていることを挙げていたらしいことも興味深い。これもまた、頼章が将軍父子共通の執事であったことをうかがわせる。

尊氏の出陣後、南朝から派遣された四条隆資・

洞院実世が上洛し、一一月七日に崇光天皇・皇太子直仁《なおひと》親王が廃されて、北朝は消滅した。この直後くらいから、幕府は発給文書に南朝の正平年号を使用しはじめた。この一事だけでも、最後まで北朝の観応年号を使い続けた直義とは雲泥の差である。かつて北朝を擁立して幕府をひらいた後も、しばらく建武年号を使い続けた尊氏である。正平年号の使用にも抵抗はなかったであろう。

一方直義は一一月一五日、鎌倉に到着した。彼が鎌倉へ転進した理由は、関東地方が直義に忠実な上杉憲顕の勢力圏内だったからである。また鎌倉幕府の故地であり、鎌倉的秩序の維持を目指す直義にとって再起を図る絶好の場所であったことも指摘される。だが実際問題として、直義自身はもはやそんなことはどうでもよかったのではないだろうか。

鎌倉公方足利基氏（尊氏実子・直義猶子）は直義をあたたかく鎌倉に迎え入れ、直義に従った武士たちに感状を発給した。しかし当時の基氏は、一二歳の少年である。事実上東国を統治していたのは関東執事上杉憲顕であり、感状発給も基氏が主体的に行ったわけではない。

駿河国府中《ふちゅう》には、直義の部将中賀野掃部助がすでに一一月中に侵入していた。一六日、尊氏方の伊達景宗《だてかげむね》らが府中に攻め入り、直義軍は久能山《くのうざん》に撤退した（以上、美作伊達文書）。東海道では、前哨《ぜんしょう》戦がすでに開始されていた。

二六日、尊氏軍は遠江国掛川《かけがわ》まで進出した。二九日には駿河国薩埵山《さったやま》に到達し、ここに籠城した。この軍に、駿河守護今川範国と子息貞世《さだよ》（了俊《りょうしゅん》）も加わった。範国も尊氏派に戻っている。いよいよ、最終決戦のときがせまっていた。

直義最後の戦い

『太平記』によれば、薩埵山に籠城する尊氏軍三〇〇〇騎あまりを、直義軍五〇万騎が包囲したという。例によって『太平記』の誇張であるが、この箇所は特に極端である。

ただし、一一月二九日に直義軍が京都に攻め上るとの情報が京都に入り、一時義詮が防戦のために東国に出陣しようとしている。直義軍の優勢は、ある程度は事実だった可能性がある。一二月一日、義詮の出陣は五日に決定された。やはり彼は、叔父直義と戦いたくて仕方がなかったようだ。

ところが七日、尊氏と直義が講和したとの情報が京都にもたらされ、義詮の東国出陣は中止された。結局これは誤報であったが、最後まで尊氏が直義との和平に尽力した形跡がうかがえる。

注目されるのは、このとき義詮が赤松則祐の本拠である播磨国苔縄《こけなわ》城に没落するとの憶測も流れていることである。父と叔父が講和するのはめでたいことであるはずなのに、なぜ播磨に逃げる必要があるのか。ここにも、直義に対する尊氏父子の温度差が相当あったであろうことがうかがえる。

同月一一日、駿河国蒲原《かんばら》河原で尊氏軍と直義軍の戦闘があった。尊氏軍が敵兵数百人を討ち取るかなりの大勝だったらしい（勝山小笠原古文書）。

一六日、直義は袖判下文を発給した。田代顕綱《たしろあきつな》に、和泉国大嶋荘《おおしまのしょう》内下条村地頭職を勲功の賞として充行う内容である（筑後田代文書）。直義は、擾乱の最終段階でようやく恩賞充行を行使したのである。しかし、時はあまりにも遅かった。これが現存する直義の生涯最後の袖判下文となった。

また薩埵山包囲戦の最中、直義は伊豆国府から一歩も動かなかった。摂津国打出浜（直義本陣は山城国八幡）・近江国八相山（同じく越前国敦賀）のときとまったく同じ構図である。戦場と本陣が違う国にあるのも同じだ。

直義の消極性と言えば、軍勢催促状にもそれが現れている。擾乱第一幕においては、直義は武士に動員を命じる際、師直・師泰の誅伐を大義名分に掲げていた。しかし第二幕では、その師直・師泰はもういない。この時期においては、直義は尊氏軍を単に「嗷訴《ごうそ》の輩《ともがら》」などと称するのみであった（結城古文書写など）。最後まで尊氏を名指ししなかったのである。

ところで義詮は、すでに八月頃に薬師寺公義を下野《しもつけ》国宇都宮に派遣していた（武蔵町田文書）。公義は前執事高師直の重臣で武蔵守護代も務めたが、擾乱第一幕においては直義派に寝返り、その後高野山に出家・遁世していたことはすでに述べた。しかしすぐに政界に復帰し、尊氏派に帰順していたのである。

また尊氏も、一二月三日に岡本良円《おかもとりょうえん》を下野に派遣している（秋田藩家蔵岡本文書）。これらは、下野国の大豪族宇都宮氏綱を味方につけて、直義派の上杉憲顕軍との戦いに備える目的であった。

下野勢が挙兵して宇都宮から出陣したのは、一二月一五日のことであったらしい。『太平記』には、宇都宮氏綱が公義の勧めで三戸七郎（高師親。師冬の甥で猶子）を総大将に立てたとする所伝が記される。前述したように、彼は観応元年（一三五〇）一二月一五日に直義軍に殺害されたとする史料があるのだが、これは誤りで実際は重傷を負いながらも生きていたらしい。真偽はともかく、高一族を大将にしたとする所伝の存在は注目される。

だが翌一六日、下野国天命《てんみょう》宿に到着したとき、七郎は狂気に取り憑《つ》かれて自害してしまったという。実に奇怪な話である。

しかし彼らはひるまなかった。武蔵町田文書に収められる高麗常澄《こまつねずみ》の軍忠状などによれば、一九日上野国那和荘《なわのしょう》で合戦が行われ、下野勢は上杉氏配下の桃井播磨守・長尾左衛門の軍勢を撃破している。二〇日には武蔵国府中に押し寄せ、小沢《おざわ》城を焼き払い、金井原《かないばら》でも戦闘があった。

その後彼らは相模国に進撃し、二九日に同国足柄山《あしがらやま》で直義軍を駆逐した。同日甲斐国でも合戦があり、尊氏派の信濃守護小笠原政長の軍勢が直義派武田上野介軍に勝利した（石水博物館所蔵佐藤文書）。

下野・武蔵勢の接近により、薩埵山を包囲していた直義軍は崩壊した。薩埵山に籠城していた尊氏派の仁木義長隊が伊豆国府に接近したため、直義は一戦も交えずに同国北条《ほうじょう》へ撤退した。頼みの上杉憲顕も逃走している。途中、相模国早河尻《はやかわじり》で尊氏派千葉氏胤の妨害を受けたが、これは撃破して信濃方面へ没落した。

翌正平七年（一三五二）正月一日、尊氏軍は伊豆国府で宇都宮・薬師寺の援軍と合流した。やがて信濃の小笠原勢も馳せ参じた。直義はさらに伊豆国走湯山《そうとうざん》権現社に退いたが、ここで尊氏の勧告を受け入れて降伏する。直義を迎えに行ったのは、仁木頼章・義長兄弟と畠山国清であった。その後、尊氏は直義とともに正月五日に鎌倉へ入った。

こうして観応の擾乱第二幕は、尊氏の勝利で決着した。尊氏の勝因は、宇都宮・薬師寺ら関東勢の奮戦であった。関東地方を自己の勢力圏と考えて東国に転進した直義は、皮肉にも関東の武士に敗北したのである。

ところで戦いの最中、鎌倉公方基氏は安房《あわ》国方面へ逃れていたとする説もあるが、これを裏づける確実な史料は存在しない。直義とともに伊豆国府にいたとするのが自然である。

足利直義の死去

正平七年（一三五二）二月二五日、甥にして養子である基氏が一三歳で元服した。それを見届けるかのようにして、翌二六日に直義は死去した。享年四六であった。

よく指摘されるように直義が死んだ日は、高師直以下が摂津国武庫川辺で惨殺された日と同じである。また、実子如意王の一周忌の翌日でもある。わずか一年しか経っていないことに驚かされる。この一年は、室町幕府にとってきわめて濃密な時間であった。

直義は尊氏に毒殺されたとする説が、古くから有力である。しかし、筆者はこの見解には懐疑的である。

古今東西、政争に失脚した政治家が失意のうちに早世することは頻繁にある。四六歳という享年も、当時としてはよくある年齢である。甥の義詮も三八歳で死去している。史料的にも、毒殺を記すのは『太平記』くらいしか存在しない。

直義の暗殺に用いられたとされる「鴆毒《ちんどく》」なる毒物についても、謎が多い。これは鴆という南方に生息する鳥の羽の毒だとも言われている。しかし、鴆の実在は確認されず、存在自体が疑問視されてきた。

浄妙寺（神奈川県鎌倉市）

ところが一九九二年、ニューギニアできわめて強い毒性を持つ鳥が発見された。有毒な鳥が実在する以上、同じく毒鳥である鴆が存在した可能性も出てくるが、だとすれば尊氏がいかなる経路で鴆毒を入手したのかなど新たな疑問も出てくる。日本に本格的な毒殺文化が入ってきたのは織豊《しょくほう》期以降であるとする見解もある。

管見の限りでは、筆者以外に毒殺説を否定する論者に峰岸純夫《みねぎしすみお》氏がいる。峰岸氏は、黄疸《おうだん》が出たとする『太平記』の記述に基づいて、直義の死因を急性の肝臓ガンであったと推定する（『足利尊氏と直義』）。

少なくとも高師直との抗争が勃発して以来、直義の精神的・肉体的な重圧が相当なものであったことは確かであろう。兄や甥と望まない戦争を行わざるを得ない状況となり、四〇歳を超えて初めて授かった実子も陣中で失った。再三指摘する合戦での消極性も、健康状態の悪化が一因だった可能性もある。加えて、幽閉先で失意を紛らわせるために酒を飲みすぎるなどして黄疸が出たことは十分にあり得ると思う。

ただし直義の場合、死去した月日が偶然にも師直の命日と重なった。そこから、当時から毒殺説が流布したのだと考える。

ともかく足利直義の死によって、狭義の観応の擾乱は終結した。しかし室町幕府は、この直後からいっそう激しい戦乱に直面することになる。ある意味で、本当の戦いはここからはじまったのである。

第6章　新体制の胎動

1　尊氏―義詮父子による東西分割統治体制

尊氏の東国政権

勝利したとはいえ、関東には直義派であった上杉氏などが多数潜伏している。将軍足利尊氏は、しばらく鎌倉に腰を落ち着けて東国を統治することにした。こうして、室町幕府は尊氏が東国、嫡子足利義詮が西国を分割統治する体制となった。本節では、この体制を瞥見したい。

まず両者の管轄地域であるが、基本的に尊氏が旧鎌倉幕府、義詮が旧六波羅・鎮西両探題の領域を統治したと推定されている。その具体的な境界を示すのもなかなか難しいが、とりあえず遠江―信濃―越後以東が尊氏の管轄であったと思われる。

恩賞充行袖判下文も、この区分に従って発給されている。尊氏・義詮併せてこの時期の恩賞充行の件数が、室町幕府二四〇年の歴史の中でもっとも多数である。これは、観応の擾乱を考察するうえで看過できないことだと考える。

執事施行状も復活した。仁木頼章の就任直後から事例が残存している。しかし頼章だけではなく、南宗継や今川範国が発給した事例も残る。高一族の系図には宗継に「執権」と付記したものも存在するので、この時期頼章と宗継の両執事制が採用されていた可能性もある。

だが特筆すべきは、尊氏自らが下文の施行状を発給した事例が出現することである。考えてみれば、将軍の下文に将軍自身が施行状を出しても一向におかしくはない。むしろ、なぜ今までなされなかったかの方が不思議である。

しかも、尊氏発給の施行状の残存数がもっとも多い。特に正平七年（一三五二）閏二月の武蔵野《むさしの》合戦（後述）以降は、尊氏が施行状を発給する原則となっていたと思われる。所領安堵や官途推挙、軍勢催促状や感状の発給といった擾乱以前には足利直義が一元的に行使していた権限も、将軍尊氏が行使した。将軍就任一五年目にして、尊氏は初めて本格的に政務を開始したのである。

さらに尊氏が、引付頭人奉書に相当する所務沙汰関連の沙汰付命令を発給していることも注目される。この種の命令は南宗継も発給しているが、執事頼章のものは残存していない。ただし引付方のような訴訟機関は、この時期の東国には存在しなかったようである。

前任者の高師直と比較して、仁木頼章の執事としての権限は縮小したことが指摘されている。この点については、師直の権限が広範で権力・権勢が増大したことが観応の擾乱の要因となったことを反省したからと指摘されている。しかし特に恩賞充行を中心に業務が増大したため、師直の権限を将軍も含めた複数人で分担した側面も大きかったと筆者は考えている。

義詮の西国政権

前項で述べたとおり、前代鎌倉幕府の六波羅探題・鎮西探題が管轄していた西国には、義詮が恩賞充行袖判下文を発給した。だが東国の尊氏袖判下文と異なり、当初は施行状は発給されなかった。

しかし観応三年（一三五二）九月一八日に室町幕府追加法第六〇条が制定されたのを契機として、西国の義詮下文にも施行状が登場する。執事高師直の時代から多数発給されていた施行状であるが、本法をもって公式に制度化されたのである。こちらでは、引付頭人が施行状を発給した。

前述したとおり、引付方は観応二年七月に廃止された。しかし、翌観応三年五月には雑務引付が開催され、高重茂と大高重成が頭人を務めた。この頃から、五方制引付方が復活した模様である。義詮御前沙汰の発足によって理非糺明の訴訟は廃止されたが、引付方の復活を望む意見も多かったのであろう。歴史は、直線的には進行しないのである。

五人の頭人も判明している。石橋和義・大高重成・宇都宮蓮智・二階堂行譚、そして高重茂であった。このうち、少なくとも重成と行譚は旧直義派である。また行譚は鎌倉幕府に続いて二度目の頭人起用で、重成以外は全員出家して入道となっていた。当時の引付方は、寺院のような趣があったのではないだろうか。

このうち、和義を除く四人全員に施行状発給を確認できる。東国の尊氏政権と同様、こちらでも膨大となった業務の分担が見られるのである。

だが現存の事例を見る限り、高重茂発給の義詮下文施行状の数が圧倒的に多い。このことから、当時重茂は事実上義詮の執事であったと考えられる。

高重茂は、幼少の義詮が鎌倉にあった頃、関東執事や武蔵守護として彼に仕えていた。擾乱第一幕でも義詮に供奉し、丹波在陣中も支えたとおぼしい。義詮にとって、重茂は幼少の頃から補佐してくれたもっとも信頼できる部下だったのではないだろうか。また彼が、同じく義詮の執事として全力で奉公した高師直の実弟であったことも大きかったであろう。さらに義詮は、高師秀《もろひで》（師泰子）や高師詮《もろあきら》（師直子）を積極的に起用し、高一族の復権を目指していた気配があるのだが、それについては後述したい。

さて復活した引付方であるが、義詮の御前沙汰の活動も依然続いていた。重複する両者の権限は、どのように調整されていたのであろうか。文和元年（一三五二）一一月一五日制定室町幕府追加法第六三条によれば、最初の命令は義詮の御判御教書で行い、二度目以降は引付頭人奉書を下すことが取り決められた。また論人の反論に根拠があれば、引付方で理非糺明の審議を行うことも定められた。このように、両者の役割が分担された。

さらに義詮は所領安堵を行い、軍勢催促状や感状も発給した。これも直義の権限の継承である。幕府追加法も、義詮政権の評定や御前沙汰で制定された。ただし重要な法令については、東国の尊氏の承認を得た模様である。

こうして見ると、少なくとも統治機構に関する限り、東国の尊氏政権よりも西国の義詮政権の方があきらかに充実している。極端に言えば、尊氏は幕府の組織をすべて京都に残して、軍勢だけを引き連れて関東に下向した印象が強い。尊氏政権は軍事に特化した出先機関であり、あくまでもメインは義詮政権だったと評価できる。ちなみに守護職も、西国は義詮が任命した。

しかし何より画期的であるのは、尊氏―義詮父子が日本東西を分割統治した時点で、それまでの創造と保全の役割分担が解消したことであろう。このとき、幕府のすべての権限を一元的に掌握する最高権力者が初めて登場したのだ。ただし、その代わり事実上二人の将軍が列島を分割統治する体制となった。言わば、〝権限の分割〟から〝領域の分割〟となったわけである。完全な一元的な最高権力者の出現は、もう少し先の話であった。

なお、佐々木導誉および彼の一族が幕府の要職に大量進出しているのも興味深い。まず、観応元年頃から導誉が賦方《くばりかた》（提訴を受理する機関）の頭人を務めたことが指摘されている。また、文和元年四月から同年八月まで、嫡男秀綱が侍所頭人となった。さらに弟の佐々木鞍《くら》智導朝《ちどうちょう》が政所奉行人となり、文和三年から貞治《じょうじ》二年（一三六三）までは導誉自らが政所執事に返り咲いた。

こうして見ると、この時期は高一族と佐々木京極氏が車の両輪となって義詮を支えた観がある。そして、この頃から導誉との確執が原因で失脚する武将が目立ってくる。導誉が義詮に信任され、その動向に強い影響を及ぼしたことが制度的にも裏づけられるのは興味深い。

尊氏派守護の大量進出

守護職の改替も行われ、尊氏派として戦った武将が大量に進出した。尊氏・直義講和期における直義派守護と同様、観応二年(一三五一)七月末の直義出京から文和二年(一三五三)九月の尊氏帰京にいたるまでの尊氏派守護を判明する限りで一覧にした。

まず目を引くのは、仁木義長が伊賀・伊勢・志摩・三河・遠江と実に五ヵ国もの守護に補任されていることである。このうち、三河を除く四ヵ国は、擾乱以前にも在任した経験があり、以前の分国を回復した形になる。特に伊勢・志摩は強力な直義派である石塔頼房からの奪回であった。新たに獲得した三河は、以前も述べたが主君足利氏の第二の故郷であり、擾乱以前は高一族が守護を務めていた。その国を義長が継承したことになる。またこれらの国々が、すべて東海道に分布することも注目に値する。

執事を務めた兄の仁木頼章の分国も増加した。武蔵は擾乱以前には高師直などの高一族が支配していた国であり、三河と同様、執事の分国を継承したわけである。弟義氏が、武蔵守護代を務めた。頼章は、足利氏の名字の地である下野国足利荘も管理した。

国	前任者	守護
河内	畠山国清	高師秀
和泉	畠山国清	細川顕氏 →細川業氏
摂津	赤松範資	赤松光範
伊賀	千葉氏胤	仁木義長 →細川清氏
伊勢	石塔頼房	仁木義長
志摩	石塔頼房	仁木義長
尾張	同右	土岐頼康
三河	？	仁木義長
遠江	？	仁木義長
駿河	同右	今川範国
甲斐	同右	武田信武
伊豆	上杉能憲	畠山国清
相模	足利直義	足利尊氏（将軍直轄）
武蔵	上杉憲将	仁木頼章
安房	？	南宗継
上総	？	佐々木京極秀綱 →千葉氏胤 （秀綱に南宗継代行か）
下総	同右	千葉氏胤
常陸	同右	佐竹貞義 →佐竹義篤
近江	佐々木六角氏頼	佐々木山内信詮 →佐々木六角義信
美濃	同右	土岐頼康
信濃	諏訪直頼	小笠原政長
上野	上杉憲顕	宇都宮氏綱
下野	同右	小山氏政 宇都宮氏綱
陸奥	同右	吉良貞家（奥州探題）
若狭	山名時氏	大高重成 →斯波家兼
越前	同右	斯波高経
能登	桃井義盛	吉見氏頼

国	前任者	守護
能登	桃井義盛	吉見氏頼
越中	桃井直常	井上俊清
越後	上杉憲顕	宇都宮氏綱
丹波	山名時氏	仁木頼章（高師詮代行か）
丹後	上野頼兼	仁木頼章 →高師詮 →仁木頼勝
但馬	上野頼兼	今川頼貞→高師詮
因幡	今川頼貞	高師秀
出雲	山名時氏	佐々木導誉
石見	？	荒河詮頼
播磨	赤松範資	赤松則祐
美作	？	佐々木富田秀貞
備前	同右	松田信重
備中	同右	秋庭某
備後	上杉重季	岩松頼宥
安芸	同右	武田信武
周防	？	大内弘直
長門	同右	厚東武村 →厚東武直
淡路	同右	細川氏春
阿波	同右	細川頼春
讃岐	同右	細川顕氏
伊予	細川頼春	河野通盛
土佐	細川顕氏	細川顕氏 →細川繁氏
筑前	少弐頼尚	一色直氏（九州探題）
豊前	少弐頼尚	大友氏泰 →大友氏時
豊後	同右	大友氏泰 →大友氏時
肥前	河尻幸俊	一色直氏（九州探題）
大隅	同右	島津貞久
薩摩	同右	島津貞久

観応２年８月～文和２年９月における尊氏派守護

また頼章は、丹波守護にも返り咲いた。ここは、康永二年（一三四三）に山名時氏に奪われるまでに頼章が保有していた国である。尊氏の母の実家上杉氏の上杉荘や、あの篠村八幡宮があるなど将軍家と関係の深い地域であった。ただし、当時執事として鎌倉で将軍尊氏を補佐していた頼章に丹波の実質的な統治は不可能で、高師詮に委任していたらしい。

以上、仁木氏は頼章・義長の兄弟で最大八ヵ国もの分国を獲得した。守護分国に関しては、観応の擾乱で最大の利益を得たのは仁木兄弟であったと言っても過言ではない。ただし伊賀守護は、観応三年八月頃に細川清氏と交代している。尊氏帰京後には義長が復帰するが、伊賀守護職をめぐる確執がやがて仁木氏と細川氏が鋭く対立する要因となる。だがそれが顕在化するのは尊氏最晩年以降であり、本書のテーマを超える。

次に注目されるのは、高一族の復権が目立つことである。嫡流では高師秀が河内・因幡、高師詮が丹後・但馬を獲得した。また師詮が頼章の丹波の統治も代行したらしいことも右に述べた。

高師秀は師泰の子、師詮は師直の子である。彼らが守護に就任した国々が、すべて義詮が統治していた西国にあることも注目される。義詮は高重茂（師直実弟）を引付頭人に任命して事実上の執事とする一方で、師直・師泰兄弟の子どもたちを守護に起用して一族の復権を図ったのである。

関東では、高一族庶流の南宗継が安房守護職を獲得した。また上総守護には佐々木京極秀綱次いで千葉氏胤が就任したが、武蔵野合戦で宗継が上総と安房の軍勢を率いて鎌倉を防衛したとする『太平記』の記述も踏まえれば、高師詮の丹波と同様に宗継が統治を代行したのではないだろうか。上総も鎌倉期には足利氏の守護分国で、室町幕府発足直後に高師直が守護となったこともある。

その他、観応の擾乱の最終決戦となった薩埵山の戦いで大活躍した宇都宮氏綱が、上野・下野（半国）・越後三ヵ国の守護に抜擢されていることも目を引く。特に上野・越後は上杉憲顕の本拠を没収したものである。

尊氏派に帰参した武将では、まず細川顕氏が和泉を回復した。河内は高師秀が取ったので全盛期には及ばないが、それでも擾乱第一幕で彼が尊氏をさんざん苦しめたことを思えば、温情のあるあつかいである。顕氏の従兄弟である細川頼春は伊予を河野通盛に譲ったが、代わりに侍所頭人に起用されて京都の義詮に仕えている。

畠山国清は河内・和泉・紀伊は失ったが、関東に移って伊豆を獲得した。伊豆は鎌倉幕府執権北条氏の故地で、擾乱以前には直義派要人の石塔氏や上杉氏が保持していた。東海道の枢要に位置し、太平洋に突き出た半島は海洋交通の拠点としても要地であった。また、国清は鎌倉の侍所に任命された形跡もある（相模雲頂庵文書）。なお、国清の後任の紀伊守護は不明である。ここは南朝に制圧され、守護を任命できる状況ではなかったらしい。

山名時氏もいつの間にか幕府に復帰したが、若狭は大高重成に、丹波は仁木頼章に、出雲は佐々木導誉に奪われた。直前まで敵だったので致し方ないが、それでも伯耆と隠岐の二ヵ国は維持した模様である。

桃井直常・石塔頼房・上杉憲顕といった直義派の中核武将たちは、当然ながら分国をすべて没収された。山名時氏も後にふたたび造反し、残る分国もすべて失ったらしい。ただし彼らが擾乱以前にこれらの国々で培った勢力基盤は強固で、多くの地域で実効支配を継続した模様である。やがてこれが、尊氏と直冬の死闘の伏線となるのである。

全員を満足させる利益分配などそもそも不可能であるし、子細に検討すれば状況はもっと複雑なのであろう。それでも直義に比べて、尊氏が自己に忠節を尽くした武将たちに最大限報いようと努力し、かなりの程度実現したことは確かであろう。

なお、東国の首都鎌倉を擁する相模国は、将軍尊氏自らが直接統治した。ここにも、尊氏の政治に対する意欲が擾乱以前よりはるかに強まっていることが明瞭《めいりょう》に現れている。

2　正平一統の破綻と武蔵野合戦

南朝の講和条件破棄

さて南朝は、尊氏と直義が死闘を繰り広げている間にも、北朝廃止の手続きを着々と進めていた。たとえばすでに正平六年（一三五一）一二月一八日には、北朝から三種の神器を接収することを洞院公賢を通じて光厳上皇に通達し、光厳も二二日に同意の返答をしている。そして翌二三日、神器は実際に南朝に接収された。正平の一統の条件には、元弘一統の時代に回帰する、すなわち皇統を南朝に一元化することが明記されていたので、尊氏―義詮も異存はなかったであろう。

翌正平七年二月三日には、後村上天皇は京都に移るために山城国石清水八幡宮へ赴くことを宣言し、義詮に伝えた。これもまた、唯一正統な天皇が日本の首都に移動するのは当然のことである。

しかし二月二六日、直義が死去したのと同日に後村上が実際に賀名生の皇居を出発し、河内国東条《とうじょう》に移動したあたりから雲行きがあやしくなってきた。今回の行幸には楠木正儀が供奉しており、単に移動するだけにしては大規模な軍勢だったらしい。二八日には、後村上は住吉に行宮《あんぐう》を定めた。

そして同年閏二月六日、南朝は宗良《むねよし》親王を征夷大将軍に任命したとされる。当然、尊氏は将軍を罷免されたに違いない。ここにいたって、南朝が武力で幕府を滅ぼす意図を持っていることが明確となった。

京都の義詮は、同月一二日頃から恵鎮上人を摂津国住吉滞在の後村上の許へ派遣し、交渉を頻繁に行った。新補《しんぽ》地頭職と本補《ほんぽ》地頭職の管轄など、政策に関する細かい議論がなされたらしい。だが、本心では幕府を滅ぼす気がみなぎる南朝にとってそんなことはどうでもよかったただろう。義詮を欺いて時間を稼ぐための方便であった。

後村上は一五日に同国天王寺へ移り、一九日に前月の宣言どおりに石清水八幡宮に入城した。ここは難攻不落の軍事要塞としても知られる。擾乱第一幕で、足利直義が本陣を置いたことも記憶にあたらしい。

二〇日、ついに楠木正儀を主力とする南朝軍が京都に侵入した。細川顕氏以下の幕府軍がこれを迎え撃ち、七条大宮《しちじょうおおみや》で激戦となった。しかし幕府軍は敗北し、侍所頭人細川頼春が戦死した。義詮は近江方面へ没落し、直義以来の幕府政庁であった三条殿もこのとき焼失した。

同時期、関東地方でも新田義貞の遺児義宗《よしむね》・義興《よしおき》らが蜂起し、鎌倉の尊氏と大激戦を繰り広げていた。南朝の総帥北畠親房は、京都と関東で一斉に軍事行動を起こし、一気に幕府を滅ぼそうと画策したのである。

ここに正平の一統は破綻し、またまた戦争がはじまったわけである。講和条件、特に幕府の存続の可否について、南朝と幕府の解釈に齟齬があったのは確かであろう。「元弘一統の時代に回帰する」との後村上綸旨をそのまま解釈すれば、建武政権の体制に戻すことであるから、幕府を廃止するのも当然となる。だが尊氏は「直義討伐は自分たちが主導する」と述べているので、足利氏が軍事指揮権を有すると解釈しており、これはすなわち幕府の存続を意味する。当時、尊氏—義詮父子でさえ意思疎通を欠いていたのだから、幕府と南朝にこのくらいのすれ違いがあっても不思議ではない。

確実に言えるのは、講和を結んでいるにもかかわらず、先に問題を暴力で解決しようとしたのは南朝であることだ。その意味で、講和条件を一方的に破棄したのは南朝だ。幕府は発給文書に正平年号を使用して南朝の神器接収も黙認するなど、講和条件を遵守していた。にもかかわらず、戦争を仕掛けたのは南朝である。この点は繰り返し確認しておきたい。

武蔵野合戦

まずは東国戦線から見てみよう。こちらで戦いが開始されたのは、西国よりも早い。

正平七年(一三五二)閏二月一五日、南朝新田義宗・義興・脇屋義治《わきやよしはる》らが上野国で挙兵した。新田軍は同日中に上野を平定し、翌日武蔵国に侵入した。一八日義宗らが鎌倉に攻め入ったところ、尊氏は武蔵国神奈川に転進していたので、一九日義宗らは雌雄を決するためにそちらへ向かった。また南朝の征夷大将軍宗良親王も信濃国で挙兵して碓氷《うすい》峠まで進出し、陸奥国司北畠顕信《あきのぶ》(親房の次男)も同国白河関に進撃していた。

『太平記』には、このとき尊氏に供奉した武将たちの名が列挙されているが、ここに高師有《もろあり》の名が見えるのが注目される。前述したように、師有は直義派であった師秋の次男である。彼ら父子も、直義が尊氏に敗北した前後で尊氏に帰参したらしい。後年、師有は鎌倉公方足利基氏の下で関東執事を務め、子の師英《もろひで》は三代将軍足利義満の許で山城守護に就任する。師直滅亡後の高一族では、この系統がもっとも栄えたと言ってよい。

話を戻すと、その後尊氏は武蔵国矢口《やぐち》に移り、新田義興は同国関戸《せきど》に移った。そして二〇日、両軍は人見原《ひとみはら》・金井原で激戦を展開した（武蔵町田文書など）。この戦いには前武蔵守護代薬師寺公義も参戦して相当の活躍ぶりだったようで、遠く離れた京都にいた洞院公賢も後に伝え聞いて日記に記している。結局尊氏軍が勝利し、義興は鎌倉に撤退した。このとき北条時行も鎌倉に入った。二三日に、義興は時行とともに鎌倉を出て三浦半島へ赴いている（『鶴岡社務記録』）。

二八日、尊氏軍は宗良親王・新田義宗らと武蔵国小手指原《こてさしはら》・入間河原《いるまがわら》・高麗原《こまはら》で戦った（武蔵町田文書など）。小手指原は畠山国清ら、将軍尊氏・執事仁木頼章・薬師寺公義らは入間河原・高麗原に出陣した模様である。『太平記』には、この戦いで尊氏が武蔵国石浜《いしはま》まで撤退し、一時は切腹も覚悟するほどの戦況であったと記されている。しかし、新田軍が消耗するのを待って仁木兄弟が新手の大軍で襲いかかったので、最終的に尊氏軍が勝利した。

このときの仁木義長の冷静沈着な戦いぶりも、同記には活写されている。ちなみに義長はこのとき、かつての高師泰と同じ越後守を名乗っており、兄頼章が師直の地位を継承したのに対し、彼は師泰の立場に位置づけられていた形跡がある。

この日はまた、鎌倉でも戦いが行われた。先に三浦半島に赴いていた新田義興が三浦高通《たかみち》の兵力を率いて鎌倉に攻め入り、南宗継・同宗直《むねなお》（宗継子息）・石塔義基《よしもと》らの軍勢と交戦した（『鶴岡社務記録』など）。石塔義基は頼房の兄であるが、最後まで反尊氏を貫いた弟とは異なって当時は尊氏派で、二五日に武蔵国府中を出発して鎌倉に入っていたのである（石水博物館所蔵佐藤文書）。この戦いは幕府軍が敗北し、宗継は鎌倉公方基氏を奉じて石浜在陣の尊氏の許へ逃れた。

その後、尊氏軍と義宗軍は武蔵国の笛吹《ふえふき》峠で最後の大決戦を行った。『太平記』によれば、尊氏軍には関東地方の外様の武士たちが多数馳せ参じた。新田軍は宗良親王を大将とし、旧直義派の上杉憲顕の軍勢が多数味方した。激戦が繰り広げられたが、最終的に尊氏軍が勝利し、憲顕は信濃国へ、義宗は越後国へ没落した。

この戦いが行われた日は定かではない。『太平記』には尊氏が二五日に石浜を出陣し、二八日に笛吹峠で戦ったと記されているが、二八日は多数の一次史料で小手指原の戦いが行われたことを確認できるので矛盾する。だが少なくとも、三月二日に新田義興が鎌倉から撤退したのは確からしいので（『鶴岡社務記録』）、二月二八日から三月二日の間に行われたのは確実であろう。尊氏は、三月一二日に鎌倉に戻った（『鶴岡社務記録』）。なお、同月九日には上杉朝定が信濃国で死去している（『常楽記』）。三二歳の若さであったが、前年正月の備中国における高師泰との戦いで重傷を負ったことが原因だったのであろうか。

正平七年閏二月に行われた一連の戦いを「武蔵野合戦」という。一瞥してわかるとおり、どちらが勝ってもおかしくない大激戦で、この時期の幕府が弱体化していたことを裏づける。

『太平記』も、尊氏の運の強さを強調する傾向がある。

だが尊氏がこのように敵の最前線で戦うのは、実は室町幕府が発足して以来ほぼ初めてである。武蔵野の広野を縦横無尽に駆け回る姿は、まさに征夷大将軍の名にふさわしい。そして武蔵野合戦の勝利により、尊氏は東国をほぼ平定して東日本での幕府の基礎を固めることに成功したのである。

なお鎌倉に戻ったのを契機として、尊氏は正平年号の使用をやめ、北朝の観応年号に復した模様である。もっと早く合戦が勃発した時点で戻してもよさそうなものだが、このような点からも尊氏が正平の一統を蔑《ないがし》ろにしていたとする説は再考の余地がある。

『源威集』に見る征夷大将軍足利尊氏

『源威集《げんいしゅう》』という史料がある。これは、下総国結城郡を本拠とする結城直光《なおみつ》が嘉慶《かけい》年間（一三八七〜八九）に完成させたとされる軍記物である。東国を統治していた時期の足利尊氏に直接仕え、その動向を見聞した武士が記した貴重な証言で、史料としての信頼性も高い。ここに描かれる尊氏は、征夷大将軍の名に恥じない立派な大将である。

たとえば、文和二年（一三五三）七月末に尊氏が帰京することが決まったとき、多くの武士たちが先陣を希望した。これだけでも尊氏の人望の大きさがよくわかるのだが、小山氏政《おやまうじまさ》を推す寵童饗庭命鶴丸らの提案を退け、尊氏は結城直光を先陣に決定した。先の武蔵国小手指原などの戦いにおいて、諸大名が情勢を見極めている間、真っ先に尊氏の許に馳せ参じて手柄を挙げた志などを評価したのである。このとき尊氏が、「私に仕える者は皆、譜代の家臣である」と述べたのも興味深い。

次いで尊氏は、帰京の際に自身が着用する籠手《こて》と脛当《すねあて》について思案した。康永四年（一三四五）八月二九日の天龍寺落慶供養の際に先陣の随兵を小笠原政長とともに務めた武田信武《たけだのぶたけ》が、そのときに着用した籠手・脛当を必ず持っていると確信した尊氏は、夜中に使者を信武の許へ派遣した。尊氏の推察のとおり、やはり信武は当時の籠手・脛当を所持しており、それを進上した。それを見た命鶴丸が「これは保元《ほうげん》・平治《へいじ》の頃の具足です。時代遅れで、田舎で猿楽《さるがく》を演じるときくらいしか見ないものです」と述べると、尊氏は「お前は故実を知らないのだ」と笑ったという。

以上からうかがえるのは、尊氏が配下の武士をよく観察し、的確な評価を下していることである。記憶力も優れている。八年前の配下の武装を詳細に覚えているのである。なお、信濃守護小笠原氏は武家礼法や兵法の故実に通じる家としても著名であった。

尊氏に勲功や家の特徴を十分に把握され、それらを活かす重用をされた結城直光や武田信武は、尊氏に対する忠誠心をいっそう強めたことだろう。単に所領を分配して経済的な利益を与えるだけではなく、こうした細やかな人心掌握術も、将軍尊氏の特長として挙げることができるのである。

石清水八幡宮の攻防

さて、西国戦線はどうであったか。二〇日に南朝軍が京都に攻め入り、義詮が近江国へ没落したことはすでに述べた。このとき南朝は、北朝の光厳上皇・光明上皇・崇光天皇・皇太子直仁親王の身柄を拘束し、翌二一日に八幡へ連行した。ここに北朝は、一時完全に消滅してしまったのである。三種の神器もすでに没収されていたので、ここに室町幕府は正統性の上で重大な問題を抱えることになった。

その問題は後で取り上げることにして、まずは戦況を瞥見しよう。二三日、義詮は南朝の正平年号の使用をやめ、観応年号をふたたび使いはじめた（内閣文庫所蔵朽木文書）。父の尊氏が観応に戻したのが翌三月であるから、それよりも早い時期である。二四日頃、義詮は近江国四十九院《しじゅうくいん》のあたりにいた。ここに美濃守護土岐頼康の軍勢が合流した。

軍勢を集結させた義詮は翌三月九日に四十九院を発った（長門小早川家文書）。同月一五日、義詮は京都を奪回し、南朝軍は八幡に撤退した（『祇園執行日記』）。

二一日から義詮は東寺に本陣を置き、石清水八幡宮に籠城する後村上天皇以下の南朝軍の包囲攻撃を開始した（『祇園執行日記』）。難攻の要塞に立て籠もった南朝軍の抵抗は激しく、攻城戦は長期化した。たとえば二七日には洞《ほら》ヶ峠で両軍の激しい交戦があり、美濃守護土岐頼康の舎弟悪五郎《あくごろう》勇士が戦死した。

この戦いでは、幕府軍は細川顕氏が総大将を務め、同清氏・山名時氏・同師義《もろよし》（時氏嫡男）・赤松則祐・土岐頼康らが参加した。四月二五日に、幕府軍は石清水の建物に火を放った。かつて建武五年（一三三八）七月、高師直が行ったこととまったく同じことを顕氏も敢行したのである。尊氏派と旧直義派の武将に、こうした部分での差は見られない。

南朝軍は幕府軍の攻撃によく耐えたが、兵粮の欠乏に苦しめられて徐々に損耗していった。北畠顕能の股肱《ここう》の臣と評された紀伊国熊野の湯川荘司《ゆかわしょうじ》までが幕府に投降するに及んで南朝は戦意を失い、五月一一日に石清水八幡宮は陥落した。

細川顕氏は楠木正行に敗北したり、観応の擾乱で変節を繰り返したりと迷走した部分もあったが、元来は非常に有能で高師直に匹敵する評価を受け、優遇されていた武将である。石清水攻城戦においては、子息の政氏《まさうじ》を失う犠牲をはらいながらも将軍家の家臣として存分の働きを見せ、その務めをまっとうしたと言ってよい。彼もまた、南北朝時代を代表する武将であった。七月五日、顕氏は急死した。足利直義の死後わずか半年後であった。

後光厳天皇の擁立

幕府は東西で南朝軍の総攻撃を受けて、一時は窮地に陥った。室町幕府発足以来一六年、このような事態は初めてであった。何とか態勢を立て直して戦争に勝利できたが、戦後北朝が不在という大問題に直面することになる。北朝の天皇・二上皇・皇太子は、結局賀名生に連れ去られ、義詮は彼らを奪還することはできなかった。

この問題は紆余《うよ》曲折があったが、結局観応三年（一三五二）八月一七日、弥仁王《いやひとおう》が即位して後光厳《ごこうごん》天皇となり、北朝は再建された。後光厳は光厳上皇の第三皇子であり、僧侶になる予定だったのを急遽擁立したのである。同年九月二七日、北朝は「文和」と改元した。

だが三種の神器を欠く即位は、やはり北朝の正統性に重大な疑念を投げかけた。後光厳以降の後円融《ごえんゆう》・後小松《ごこまつ》の二代の天皇も神器なしで即位した。これが南北朝正閏《せいじゅん》問題の一因をなし、近代まで大きな影響を及ぼすことになる。南朝を過剰に賛美し、足利氏を極度に貶《おとし》める歪《ゆが》んだ教育が行われた。また後光厳の即位は崇光系（伏見宮《ふしみのみや》）と後光厳系の分裂ももたらし、そういう点でも尾をひいたのである。

さて、この責任は北朝を守護する使命を忘れて近江に逃げ出し、南朝に北朝の皇族を拉致《らち》させてしまった足利義詮にあると考えられ、義詮愚将論の大きな根拠となってきた。

だが、そもそもこの時期は南朝に皇統が統一されていたのである。正平の一統の成立以来、南朝は北朝の諸機構の接収を着々と行っていたが、義詮は特に妨害しなかった。それが講和条件なのであるから、遵守して当然である。すでに正平六年（一三五一）一一月七日には北朝が廃止され、しかも南朝が北朝の皇族の身柄を拘束するとの噂まで流れて洞院公賢を驚かせているが、幕府がこれに対して対策を立てた形跡もない。三種の神器も、前年末に南朝に接収されたことは、すでに述べたとおりである。

結局正平の一統は、南朝が一方的に破棄したのであり、幕府には基本的に非はない。北朝の一時消滅が幕府にとって大きな禍根を残したのは確かであるが、義詮すべてに責任を押しつける考えは再検討の余地があると思うのである。

奥州探題吉良貞家

観応の擾乱に際して、奥州探題の畠山国氏が尊氏―師直、同じく探題の吉良貞家が直義に属して戦い、貞家が勝利したことは前述した。

その後吉良貞家は、正平六年（一三五一）一一月二二日の陸奥国広瀬川《ひろせがわ》の戦いで宇津峰《うづみね》宮・鎮守府将軍北畠顕信以下の南朝軍に惨敗し、本拠の多賀《たが》国府を放棄した（結城古文書写）。このときは正平の一統が成立した後なので、南朝は尊氏の同盟軍として貞家と戦ったのであろう。

だがそれから貞家は、ほどなく尊氏に帰参した。その正確な時期は不明であるが、おそらく正平七年正月の尊氏軍の勝利が確定した前後であると思われる。

尊氏派に転じた貞家は、観応三年（一三五二）三月に陸奥国府を南朝から奪回し（陸前白川文書）、文和二年（一三五三）五月には陸奥国田村《たむら》郡宇津峰城を陥落させて北畠顕信以下を駆逐した（磐城大国魂《いわきおおくにたま》神社文書など）。貞家の時代が、奥州探題の全盛期とされている。

貞家も恩賞充行権を行使し、奥州の配下の武士に所領を給付した。この時期、貞家の恩賞充行奉書に尊氏が袖判を加えた文書が散見する。武士が貞家の奉書を獲得した後、貞家の推挙状と併せて鎌倉の執事仁木頼章に提出し、尊氏が袖判を据えて武士に返却する手続きを採っていたと推定されている。

尊氏の袖判が加えられた貞家奉書はそうでないものと明確に区別され、尊氏自身が発給した袖判下文と同格とみなされていた模様である。同時期、奥州から遠く離れた九州探題一色道猷（範氏）の恩賞充行御教書にも尊氏袖判が据えられたものが散見し、彼らが将軍尊氏の権威をもって地方を統治しようとしたことがうかがえる。

このような尊氏袖判の貞家奉書は、観応三年一一月を下限として消滅する。文和二年二月頃からは、これらの奉書に貞家自身が施行状を下す事例が出現する。袖判がない奉書は、奥州探題の奉行人が施行状を出した。こうした変化の理由は不明であるが、鎌倉に赴いて尊氏袖判を拝領するのは基本的に奉書拝領者自身が行うことであるので、手続きを簡素化し、併せて強制執行力を付与して実効性を保障したのかもしれない。

当該期は、地域の事情に応じて多様な統治制度が存在したのである。

北条時行の処刑

文和二年（一三五三）五月二〇日、鎌倉の龍口《たつのくち》で北条時行・長崎駿河四郎・工藤二郎が処刑された（『鶴岡社務記録』）。北条時行は鎌倉幕府最後の得宗北条高時の遺児で、建武二年

(一三三五)に建武政権に対する反乱を起こしたが(中先代の乱)、足利尊氏に鎮圧されたことはすでに述べた。

実は時行はその後、建武四年以前に南朝に帰順していた。時行が父を滅ぼした後醍醐天皇に味方したのは、代々姻戚関係を結んで北条一門に準じる厚遇を施してきた足利氏の裏切りが許せなかったからとする見解がある。だとするならば、文字どおり近親憎悪の類に近い。

それからの時行は、南朝軍に所属して足利氏と戦い続けた。建武五年正月二八日の美濃国青野原《あおのがはら》の戦いでは、陸奥国司北畠顕家軍に属して墨俣川《すのまたがわ》付近で高重茂の部隊を撃破した。暦応三年(一三四〇)六月には信濃国大徳王寺《だいとくおうじ》城で挙兵し、信濃守護小笠原貞宗の軍勢を迎撃ち、一〇月二三日に攻め落とされている(信濃守矢文書)。そして正平七年(一三五二)閏二月の武蔵野合戦では、すでに述べたように新田義興とともに鎌倉や三浦半島で軍事行動を行っている。

それが尊氏にようやく逮捕されて、処刑されたのである。このとき、時行は二〇代半ばであったと推定されている。ともに斬られた長崎駿河四郎と工藤二郎は、北条氏の家来(御内人)であった。

以降北条氏の残党の活動は、諸記録からほぼ消滅する。時行の死とともに、鎌倉幕府の大きな系譜が完全に消滅したのである。これも擾乱の結果の一つだろう。

南朝二度目の京都占領

石清水陥落後、地方では散発的な戦闘が続いていたものの、文和元年(一三五二)中は何とか平穏無事に収まった。

ただし摂津国では、一一月に楠木正儀・石塔頼房などの南朝軍が摂津守護赤松光範軍を尼崎《あまがさき》・伊丹《いたみ》河原などで撃破した。観応二年(一三五一)八月の直義北陸没落に従った光範であるが、彼もこの頃までに幕府に復帰したのである。この年前半の京都攻略は公家が作戦を指揮したが、今回は旧直義派の石塔・吉良が主導権を握っていたらしい(『兼綱公記』)。この頃から、南朝と幕府の戦いは実質的に幕府の内紛に移行したと思われる。

そこで義詮は、佐々木京極秀綱(導誉嫡男)・同高秀《たかひで》(秀綱弟)を援軍として派遣したが、彼らは敗北した。翌二年正月五日、この敗戦で責任を痛感した導誉は近江国柏原《かしわばら》城に蟄居した。義詮は、三宝院賢俊・粟飯原清胤らを遣わして説得した。

さて、文和元年に起こったもう一つの懸念材料は、山名氏がふたたび幕府に敵対したことである。この理由として『太平記』は、石清水攻城戦で勲功が絶大だった山名師義が若狭国税所今富名《さいしょいまとみみょう》の知行を希望し、佐々木導誉に要望を義詮に取り次ぐように依頼したが無視されたことに激怒したためとする。また、父の時氏も出雲守護を導誉に改替させられたのを恨んでいたらしい。導誉との確執で利益を得られなかったのが大きな原因なのは確かであるようだ。

ここにおいて山名父子は南朝方に転じて出雲国へ侵入し、守護代吉田厳覚《よしだげんがく》を追い出した。一一月には山名師義は備前国鳥取荘《とっとりのしょう》へ侵攻し、備後国の上杉重季もこれに呼応して挙兵した。これには石橋和義が下向して対処したが、翌二年正月一〇日の迫山合戦で大敗した（以上、備後鼓文書）。その他、摂津でも依然石塔頼房が猛威を振るい、石見・但馬・丹波・河内・越中・伊勢でも南朝軍が蠢動した。河内には三月に仁木義長が派遣されており（南狩遺文《なんしゅいぶん》）、彼がこの頃関東から西国に戻っていたことがわかる。

四月二日には土岐頼康と仁木義長が摂津・河内の戦いに敗れて京都に戻った。義詮は自ら出陣しようとしたが、これは結局中止された。

やがて山名時氏が大軍を従えて山陰道を東上し、石塔頼房らも石清水八幡宮に進出した。六月六日、義詮は北朝の後光厳天皇を関白二条良基《にじょうよしもと》の押小路亭へ移し、次いで比叡山に行幸させた。前年閏二月に北朝の天皇を奪われた教訓を活かしたとも言えるが、そもそも前回と異なって今回は南朝と明確に敵対しているので同列には論じられない。

六月九日、ついに南朝軍は京都に侵攻した。義詮は神楽岡《かぐらおか》・吉田河原でこれを迎撃したが敗れた。神楽岡の戦いでは、粟飯原清胤が戦死した（『常楽記』）。清胤は貞和五年（一三四九）閏六月頃、足利直義が高師直暗殺を計画した際、実行の寸前で直義を裏切って師直に寝返ったとされる幕府奉行人である。行政官僚として有能で、政所執事を務めた経験もある。その後も一貫して尊氏―義詮に従い続け、この日の戦死を迎えたのである。

この日の戦いに敗北した義詮は、近江国坂本に逃れた。一三日には後光厳天皇を奉じて坂本からも撤退し、東方へ逃れた。このとき、義詮軍の後陣を務めていた佐々木京極秀綱が堅《かた》田《た》・和邇《わに》の土民に討たれた。彼らは新田氏庶流の堀口貞祐《ほりぐちさだすけ》に率いられていたらしい。また『太平記』は、細川清氏が後光厳を背負って徒歩で塩津の山を越えたエピソードも載せる。義詮は美濃国垂井《たるい》まで落ち延び、そこに北朝の行宮を設置した。

高師詮の戦死

少し戻って、六月一二日には高師詮の軍勢が京都西山で山名軍と交戦し、師詮が戦死した(『常楽記』など)。前述したように、高師詮は師直の遺児である。妾腹の子であったので片田舎に隠れて住んでいたのを、師直の死後荻野朝忠《おぎのともただ》と安保直実が大将に擁立したとされる。

これもすでに述べたように、西国の義詮政権下で師詮は丹後・但馬守護に任命され、丹波の統治も委任されたと思われる。そのため、山名時氏が大軍を率いて山陰道を攻め上ると、その攻撃を直接受けることとなった。

師詮の戦死によって、師直の系統は断絶した。以降の高一族は師泰の子師秀および師秋の二系統が生き残り、幕府の奉公衆《ほうこうしゅう》(将軍直属の軍事力)として残存する。しかし、執事として一族を挙げて政治に軍事に強大な力を発揮した師直期の勢いはまったく見られなくなった。

だが師詮の戦死は単に高一族の衰退にとどまらず、先代鎌倉幕府以来の御内人政治の終《しゅう》焉《えん》も意味した。

すでに述べたが、鎌倉期の高一族は、足利氏の御内人であった（厳密には、「御内」）。高師直の大活躍は、そうした鎌倉期の体制の延長線上に位置した側面も存在するのである。だが、このことは反面、高一族が前代の古い体質を維持していたことも暗示する。筆者は高師直を幕府の基礎を築いた改革派政治家として高く評価するが、所領や守護分国支配のあり方などで旧体制のあり方を踏襲した過渡期という側面も看過できないと思う。

また得宗家の御内人は高い権勢を誇ったがゆえに、有力御家人と対立を深め、時折紛争を起こした。すなわち、御内人の存在自体が政治の不安定要因となったのである。こういうところも、観応の擾乱の原因の一部となった師直と共通している。

擾乱以降の室町幕府において、鎌倉期以来の足利氏の御内人の多くは奉公衆を構成した。だが、鎌倉幕府の御内人のように大きな権勢を有して幕政を左右するほどの政治家は皆無となる。高一族の衰退が、皮肉にも室町幕府の変革を推進したのである。

鎌倉府の整備

翌七月一〇日、義詮は反撃に転じて美濃国垂井を出発した（土佐国蠧簡集《とかんしゅう》残編）。二三日、西国からも赤松則祐と石橋和義の援軍が摂津国西宮まで進出した。翌二四日、山名時氏―師義父子・石塔頼房以下の南朝軍は没落した。二五日に石橋和義・赤松則祐・松田信重《まつだのぶしげ》（備前守護）が大軍を率いて入京し、義詮も翌二六日に京都に戻った。

こうした西国の状況を東国から見ていた尊氏は、いよいよ京都に戻ることを決意した。武蔵野合戦以降、東国では南朝の大規模な蜂起は見られない。東国は、尊氏の力で平定されていたのである。

七月、尊氏は畠山国清を関東執事に任命し、同時に河越直重《かわごえなおしげ》を相模守護にした。また国清は、武蔵守護にも任じられたと推定されている。同月二八日、鎌倉公方足利基氏は新関東執事畠山国清以下を引き連れて鎌倉を出て、武蔵国入間川に本拠を移した。そして翌二九日、尊氏は京都を目指して鎌倉を出発した（以上、『鶴岡社務記録』など）。正平六年（一三五一）一一月以来の尊氏―義詮父子の東西分割統治体制は、一年一〇ヵ月で解消したのである。

尊氏は九月はじめに美濃国に到達し、依然垂井に滞在していた後光厳天皇に拝謁した。その後迎えに来た義詮とともに、同月二一日に後光厳を奉じて入京した（以上、『小島之寿佐美《おじまのすさみ》』）。

このときの尊氏軍には、小山氏政・結城直光・佐竹義篤《さたけよしあつ》・武田信武など、関東の外様の有力武士のほとんどが従った。短期間ではあったが、尊氏が武士たちの心をつかんで関東経営を成功させたことがよくわかる。

なかでも佐竹義篤は、文和三年（一三五四）から延文《えんぶん》二年（一三五七）まで侍所頭人を務めたほどである。だが尊氏の関東統治における最大の遺産は、鎌倉府の整備であろう。

観応の擾乱以前にも鎌倉府は存在し、幼少であった足利義詮を関東執事の高一族や上杉氏が補佐する体制であった。しかし、初期の鎌倉府の権限は非常に制限されていた。特に恩賞充行権が認められていなかったのが致命的であった。関東執事高師冬が南朝の北畠親房に苦戦したのも、それが大きな原因であったと思われる。

だが将軍尊氏が東国に下向し、大量の恩賞充行袖判下文を発給して東国の武士たちに所領を給付した。尊氏が帰った後も、残った公方基氏には恩賞充行権が認められ、公方は独自に恩賞の給付を行うことが可能となった。そして京都の幕府と同様、公方の充行に関東執事が施行状を付して、守護や両使《りょうし》に沙汰付を命じる体制となった。

すなわち、鎌倉府は将軍尊氏によって基礎が据えられた、京都の幕府の仕組みを東国に移植した組織であったとも評価できるのである。尊氏の死後、基氏は旧尊氏派の諸将を排除し、旧直義派の上杉氏を鎌倉府に帰参させる。これは基氏が叔父にして養父であった足利直義を敬愛していたからであるとも言われるが、尊氏のときに作られた組織や制度は基本的に継承された。観応の擾乱は、東国にも大きな変化をもたらしたのである。

3　尊氏と直冬、父子骨肉の争い

鎮西探題足利直冬

ところで、九州の足利直冬の動向はどうなったのであろうか。煩雑になるので、足利尊氏と同直義の一時講和以降の直冬についてはあえて言及を避けてきた。本節で、その後の直冬について紹介したい。

観応二年（一三五一）三月二日の尊氏と直義の会談で、直冬を鎮西探題に任命することが決定したことはすでに述べた。だが直冬は、その後もしばらくは依然貞和年号を使用している。というのも、畿内で尊氏と直義が講和した後も、依然直冬は九州探題一色道猷―直氏父子と交戦しているからである。

三月一八日には、直冬方の野上広資が豊前国鷹尾《たかお》で道猷方と戦っている（尊経閣文庫所蔵野上文書）。同時期、道猷方の原田深江種重《はらだふかえたねしげ》も、肥前国大村《おおむら》や筑前国萩原を転戦している（筑前深江文書）。さらに四月二五日と五月一日・四日にも肥後国球磨《くま》郡の各地で両軍の戦闘があった（肥後相良家文書）。

だが同年六月になると、直冬は観応年号を使いはじめた。同月一九日、足利義詮が直冬宛に御判御教書を発給し、長講堂《ちょうこうどう》領（北朝の皇室領）である筑前国志賀島《しかのしま》について厳密に沙汰することを命じている（尊経閣文庫所蔵西興寺文書）。これは同月に発足した義詮の御前沙汰から発給された文書であるが、この時点では直冬が鎮西探題として室町幕府の統治体制に組み込まれていたことが判明する点でも貴重な史料である。またこの頃、直冬派の河尻幸俊も肥前守護として正式に認められている。

そして七月二七日付で、尊氏が播磨守護赤松則祐の挙兵を直冬に伝えた史料も残る（肥前深堀文書）。これも直冬の帰参を示している。

正平の一統の影響

ところが七月末に養父直義が北陸へ没落すると、その報はすぐ道猷へ伝えられ、道猷と直冬の交戦が再開した。直冬は鎮西探題の地位も当然失ったに違いない。両軍は、肥前・豊前・肥後・筑前・筑後と北九州全域で一進一退の激しい攻防を繰り広げた。

ここで注目されるのが、八月八日に直冬軍が肥後国白木原で南朝の征西将軍宮懐良《かねよし》親王の軍勢と初めて戦ったことである（日向伊東家古文状）。

懐良親王は、後醍醐天皇の皇子である。建武三年（一三三六）、父後醍醐の地方戦略の一環として西国に下向した。しばらく伊予国の南朝方忽那《くつな》氏の許に滞在した後、康永元年（一三四二）に薩摩国に上陸し、南朝方の谷山氏を頼った。しかし当時は、室町幕府が三条殿直義の統治下に安定していた時期である。懐良の九州計略も難航した。貞和四年（一三四八）にようやく肥後国に入り、南朝方の菊池《きくち》武光《たけみつ》の隈部《くまべ》城に入城できた程度であった。

ところが観応の擾乱が勃発し、九州の幕府勢力は直冬と探題一色氏に分裂して戦う状況となった。懐良に、漁夫の利を占めるチャンスがめぐってきたのである。

直義没落直後の早い段階で、すでに一色氏と懐良の連携ができているらしいことが興味深い。京都では、尊氏はようやく恵鎮上人を南朝に派遣して交渉を開始しようとしていた時期である。以降、直冬は一色父子と懐良の二方面の敵と戦わざるを得なくなった。この同盟にはさらに、大隅《おおすみ》・薩摩守護島津貞久《さだひさ》も加わることとなった。彼は直冬方の日向守護畠山直顕と対立していたので、正平の一統に参加したのである。

正平七年(一三五二)二月二六日に養父足利直義が鎌倉で死去すると、戦況は直冬にいっそう不利となっていった。翌閏二月に正平の一統が破綻すると、道猷と懐良はふたたび敵対する関係となり、九州は直冬・道猷・懐良の三つどもえの形勢となったが、直冬は形勢を挽回することができなかった。

同年九月二七日に北朝が「文和」と改元した後も、直冬は観応年号を使い続けた。かつて貞和から観応に改元した後も貞和年号を使用したときと同じである。

直冬は、徐々に当時本拠を置いていた筑前国大宰府《だざいふ》周辺に追い詰められていった。そしてついに文和元年(一三五二)一一月二四日、直冬は道猷軍に攻め込まれた。大宰府の攻城戦は翌二年二月一日まで続いたが(以上、筑前西郷文書など)、直冬自身は文和元年末に大宰府を脱出し、九州を出て長門国豊田《とよだ》城に入城したと推定されている。

余談ながら、懐良親王はその後九州探題一色氏をも九州から駆逐し、三代将軍足利義満の時代に今川了俊が探題に任命されて下向するまで、九州で南朝の全盛期を築いた。

尊氏と直冬の最終決戦 208

中国地方に転進した直冬は、文和二年（一三五三）正月頃に南朝へ帰順した。そして中国地方の諸国の武士を自陣営に勧誘しながら、この年の末までに石見国に移動した。

翌文和三年五月二一日、ついに直冬は京都を目指して石見を出発した。前年六月に京都占領を果たしたものの敗北した山名時氏たちは、今度は直冬を総大将に奉じてふたたび京都を奪おうとしたのである。

ところが出陣直後の二七日、幕府方の荒河頼直《あらかわよりなお》と小笠原左近将監《さこんしょうげん》が直冬の進軍を阻んだので、直冬はしばらく滞留せざるを得なくなった（以上、周防吉川家文書）。かつて高師泰は、直冬を討とうとして石見で足止めされた。今度は直冬が石見で止められる。何とも皮肉なものである。

それでも直冬は、九月一四日に進軍を再開した（同文書）。これに丹波の石塔頼房、但馬の山名時氏、越中の桃井直常が呼応して出陣した。越前守護の斯波高経と子息氏頼《うじより》も、このときまた幕府を裏切って挙兵した。河内の楠木正儀も、直冬方に加わった。

一〇月一八日、義詮は佐々木導誉・赤松則祐以下の大軍を率いて京都を発ち、播磨国広山《ひろやま》八幡に布陣した。一二月二四日、将軍尊氏は後光厳天皇を奉じて近江国武佐寺《むさでら》に退いた（以上、『源威集』など）。このとき、前年尊氏が率いてきた東国の軍勢も依然在京しており、多くが将軍に従った。

今までの京都撤退と異なり、このとき足利軍は戦死者をほとんど出していない。当初から、入京する直冬を東西から挟撃する作戦だった。せいぜい義詮が一一月二七日に石塔頼房の部将湯浅《ゆあさ》二郎左衛門尉らが立て籠もる但馬国大屋荘《おおやのしょう》に兵を派遣した程度である。大屋荘は、翌日陥落した（以上、磐城《いわき》安積文書）。

二度の京都市街戦を経て、尊氏―義詮父子は防衛の要領をつかんだらしい。わざと京都を敵に占領させ、物資の補給路を封鎖して包囲攻撃すれば簡単に奪回できる。これがかつて建武の頃に、楠木正成が九州から東上する尊氏軍を迎え撃つために後醍醐天皇に奏上した献策と奇《く》しくも一致している点も興味深い。

ところで尊氏の出陣が遅れたのは、康永元年（一三四二）一二月二三日に死去した母上杉清子の十三回忌の仏事を営んでいたからである。敵の大軍が接近しているのに、実に悠々としている。仏事は等持院《とうじいん》に任せて早く江州に出発すべきだとの意見もあったが、尊氏は拒絶した。貞和五年（一三四九）八月の御所巻の際、京都に軍勢が集結して大騒動が起きる中、平然と篠村八幡宮に参り、弓場始を自邸で開催したときの強心臓を想起させる。

『源威集』によれば、このとき尊氏は敵将たちについて「皆私の重恩で立身を遂げ、分国を賜って大勢の従者を持つ者たち」と述べている。そのような邪悪な者どもに、正義である自分が敗北するはずがないという論理である。尊氏が恩賞充行を意識的に行っていたことがうかがえるのも興味深い。

翌文和四年正月一六日、桃井直常・同直信・斯波氏頼らの北陸勢がまず入京した。同月二二日には、ついに直冬が石塔頼房・山名時氏以下の中国勢を率いて入京し、平安京大極殿《だいごくでん》の跡に布陣した。二五日には東寺実相院に本陣を定めた（以上、『建武三年以来記』）。

なお、執事仁木頼章はこのとき直冬軍の進撃を阻止するために分国丹波に下っていたが、一戦も交えず通過を許したので世間の嘲笑《ちょうしょう》を買ったと『太平記』には記されている。だが、これは京都を一度直冬に明け渡した後に包囲殲滅する尊氏の戦略に基づいていた可能性が高いので、その点は差し引く必要があるだろう。

直冬の動きに対し、尊氏は二〇日に武佐寺を発して瀬田の橋を渡って京都に進撃を開始した。この夜尊氏は、奉行人斎藤四郎兵衛尉に命じて橋を破壊させた。あえて退路を断って将兵を奮起させる目的である（以上、『源威集』）。二九日には比叡山に入城した（前田家所蔵文書）。義詮も反転し、二四日に摂津国宿河原《しゅくがわら》に進出した（磐城安積文書）。

二月六日、義詮・佐々木導誉・赤松則祐・細川頼之以下の幕府軍と山名時氏・同師義・石塔頼房・楠木正儀以下の直冬軍が、摂津国神内山《こうないやま》付近で大規模な戦闘を繰り広げた。この戦いで義詮軍が圧勝し、直冬軍は多大な損害を出した（以上、『建武三年以来記』など）。

一方尊氏は三日頃に比叡山を下りて西坂本に布陣し（前掲前田家所蔵文書）、六日に六条河原・七条河原に進出した。仁木頼章も嵐山《あらしやま》に陣を置いた。そして八日頃から、錦小路猪熊《いのくま》大宮付近で直冬軍との戦闘を開始した（『建武三年以来記』）。この戦いはなかなか決着がつかなかった。だが西から義詮が入京したこともあり、直冬軍は挟み撃ちにあったうえに補給を絶たれて徐々に劣勢となっていった。

三月一二日、尊氏軍がついに直冬の本陣であった東寺に突入した。『源威集』によれば、佐々木六角氏頼は当初後光厳天皇を警備していたが、いてもたってもいられなくなり、自ら旗差となって敵陣に突撃した。

また細川清氏も負傷し、これを聞いた尊氏が饗庭命鶴丸以下二〇騎あまりを率いて七条東洞院の清氏の陣を訪れ、清氏に自身の鎧を賜る場面もあった。このとき尊氏は、あえて目立つ衣装で高矢倉《たかやぐら》にのぼって敵の標的となり、味方を励ましたという。

直冬は八幡に撤退し、その後中国地方に没落した。四月二五日には、日向国の直冬派の畠山直顕も尊氏に降伏した(『薩藩旧記』)。以降、直冬は中国地方の一弱小勢力に転落した。反幕活動を続けたが、きわめて低調である。没年も諸説あり、応永《おうえい》七年(一四〇〇)説が有力とされる。

直冬の敗因は実父尊氏と本気で戦う意志を持たなかったためであるとするのが定説であり、これは正しいと筆者も思う。特に京都市街戦では、直冬は東寺から一歩も出ることがなかった。尊氏が瀬田の橋を壊し、文字どおり背水の陣を敷いたのとは雲泥の差だ。養父直義とまったく同じ理由で、直冬は敗北したのである。

なお一連の京都市街戦において、嵐山に布陣した仁木頼章軍は将軍父子の戦いをただ傍観するだけだったので、見かねた備中守護秋庭某が合戦に参加したとの逸話が『太平記』にある。かつて摂津国打出浜の戦いでは、執事高師直が最前線で戦い、将軍尊氏は後方の兵庫で待機していた。しかしそのわずか四年後には、正反対に将軍が前面に出て、執事は後方支援にとどまる。ここでも尊氏の意識が明瞭に変化していることがうかがえる。

南北朝内乱は、以降も約四〇年間続く。たとえば尊氏の死後、康安《こうあん》元年（一三六一）一二月、南朝は四度目の京都奪還を果たす。だがこのときも南朝軍の主力となったのは失脚した前幕府執事細川清氏であったし、占領もごく短期間で終わった。そしてこれが最後の入京となった。観応の擾乱のような、幕府の存亡をかける規模の戦いは終息したのである。

終章　観応の擾乱とは何だったのか？

1　勃発の原因――直冬の処遇と恩賞充行問題

「擾乱」の由来

ここまで観応の擾乱を中心に、その前後の戦乱の様相をできる限り詳しく紹介してきた。改めて見て、実に奇怪な内乱である。

四条畷の戦いで難敵楠木正行に勝利し、室町幕府の覇権確立に絶大な貢献を果たした執事高師直が、わずか一年半後に執事を罷免されて失脚する。だがその直後に数万騎の軍勢を率いて主君の将軍足利尊氏邸を包囲し、逆に政敵の三条殿足利直義を引退に追い込む。

ところがその一年あまり後に、直義が宿敵の南朝と手を結ぶという奇策に出る。今度は尊氏―師直を裏切って直義に寝返る武将が続出し、尊氏軍は敗北して高一族は誅殺される。

だがそのわずか五ヵ月後には何もしていないのに直義が失脚して北陸から関東へ没落し、今度は直義に造反して尊氏に帰参する武将が相次いで、尊氏が勝利する。そして、その後も南朝（主力は旧直義派）との激戦がしばらくはほぼ毎年繰り返されるのである。

短期間で形勢が極端に変動し、地滑り的な離合集散が続く印象である。このような戦乱は、日本史上でも類を見ないのではないか。たとえば応仁《おうにん》の乱も長期にわたって戦われたが、優劣不明の接戦が延々と続く感じで、観応の擾乱のようなダイナミックな攻守転換はそれほど見られないと思う。

そもそも観応の擾乱は、なぜ観応の擾乱というのであろうか。応仁の乱などのように、「観応の乱」とはなぜ言われないのだろうか。

観応年間の戦乱を「擾乱」と表現すること自体は、当該期から見られる現象である。たとえば、『園太暦』観応二年（一三五一）正月一四日条には、「世上擾乱」と記されている。観応三年七月二四日制定室町幕府追加法第五六条には「諸国擾乱」、延文二年（一三五七）九月一〇日制定同追加法第七九条には「観応以来、追年擾乱」と出てくる。『師守記』貞治六年（一三六七）五月四日条には、「観応擾乱」とそのままの表現が登場する。

ただし、「擾乱」という言葉は本来は一般名詞で、観応の内乱以外の戦乱も「擾乱」と表現する事例が多数存在する。歴史用語としての「観応（の）擾乱」が登場するのは、いつ頃からなのであろうか。

明治時代以降、『大日本史料』の編纂事業が続けられているが、同史料集が観応の戦乱を「擾乱」と称したのは、観応二年三月三〇日条の注記で「京都擾乱」とあるのみである。それどころか、同史料集が他の戦乱を「擾乱」と称した事例が比較的多数存在し、擾乱が観応限定の固有名詞でなかったことをうかがわせる。

近代実証主義的歴史学の祖とされる久米邦武《くめくにたけ》の『南北朝時代史』（一九〇七年）にも、擾乱の語は登場しない。単に「幕府の内紛」と記されるだけである。田中義成《よしなり》『南北朝時代史』（一九二二年）にも、「足利氏の内訌《ないこう》」とあるのみである。黒板勝美《くろいたかつみ》『国史の研究　各説下』（一九三六年）にもこの語は出てこない。

考えてみれば、戦前は南朝が正統とされ、歴史書も南朝年号で記述されていた。北朝年号を冠した「観応の擾乱」なる歴史用語が存在しなかったのも当然である。ただし、今までの幕府対南朝の戦争とは異質の、新たな局面に戦乱が移行したとの意識は漠然ではあるが出てきているようである。

筆者が調べた限りで、歴史学の用語としての「観応の擾乱」は、林屋辰三郎《はやしやたつさぶろう》『南北朝』（一九五七年）まで遡《さかのぼ》る。しかし、その定義は「後村上天皇側から見た「正平の一統」の過程は、武家側からは「観応の擾乱」といわれる」とあり、足利氏の内紛とみなす現代の解釈とはかなり趣が異なる。またこの見解には、南朝を正統とするため、南朝の歴史を中心に据えて論じる戦前の歴史学の影響が残存している。

しかも戦後の南北朝史研究の金字塔となり、現代も同分野の必読文献となっている佐藤進一『南北朝の動乱』（一九六五年）は、林屋著書から八年後に刊行された著書であるが、「観応の擾乱」の語は登場しない。五ヵ月の講和期をはさみ、「第一次の分裂」「第二次の分裂」と表現されている。この段階では、「観応の擾乱」は歴史用語としての確固たる地位を占めていなかった模様である。

しかし、その翌年小川信《おがわまこと》「守護大名細川氏の興起――その三」（一九六六年）が公表された。この論文の第三節が「観応擾乱と細川顕氏」と題され、本文にも「観応の擾乱」という表現が登場する。

小川信は、細川・斯波・畠山の室町幕府三管領家に関する重厚な研究で知られる、佐藤進一氏と並ぶ南北朝時代政治史研究の第一人者であった。こうした研究者が「観応の擾乱」を使用したことにより、この言葉が徐々に歴史用語として普及していったとおぼしい。定義も、足利氏の内訌という現代的な解釈が一般的となった。

すなわち「観応の擾乱」は、約半世紀前に確立した比較的新しい歴史用語なのである。本章では、観応の擾乱の原因を考察し、擾乱が室町幕府にいかなる変化をもたらし、鎌倉幕府の模倣から足利氏独自の政権へどのように改造したのかを論じたい。

定説の問題

まず、足利直義と高師直の対立に関する佐藤進一氏の定説的見解は以下のとおりである。

名門御家人出身である足利直義の政策は、基本的に鎌倉幕府的秩序を尊重し、維持することであった。そのため直義は寺社・公家層をはじめとして、地方の有力な御家人（特に惣《そう》領《りょう》）や足利一門、幕府奉行人層に支持された。地域で言えば、東国の地頭層に支持される傾向があった。

高師直の志向は、直義の目標とは正反対である。彼は朝廷や寺社といった伝統的な権威を軽視し、武士の権益を拡大することを目指した。そのため師直は畿内の新興武士層や地頭御家人の中でも庶子《しょし》に属した武士たち、足利一門でも家格の低い譜代層に支持され、強力な軍団を形成した。むろん、師直自身も成り上がり者であった。

要するに、直義は保守的で秩序の維持者、師直は急進的で秩序の破壊者、これが対立の原因になったとするのが佐藤説である。しかし近年は、この説に対する疑問も徐々に呈されている。

第一に、両者の支持層はそこまで明確に区別できるのであろうか。

たとえば石塔頼房。彼は直義の熱烈な支持者であり、直義軍の中核として活躍し、直義の死後も反尊氏を貫く。だが石塔氏は鎌倉期には朝廷の官職に任命された形跡もなく、足利一門内における家格は低かったと思われる。勢力基盤も伊勢・志摩両国で、直義死後も摂津や丹波で活動しており、むしろ近畿地方周辺の新興武士層の多くを配下に組織していたと思われる。

また観応の擾乱第二幕で最終的に尊氏の勝利を決定づけたのは、宇都宮氏綱など東国の外様の武士たちであった。彼らはその後も尊氏に従い続け、武蔵野合戦や対足利直冬戦争に多大な貢献を果たした。これも、東国が直義の地盤であったとする見解と矛盾する。

加えて幕府で訴訟などの実務を担った奉行人はほぼすべて直義派とされてきたが、粟飯原清胤や安威資脩といった、尊氏―師直派に所属した奉行人も知られる。また、直義の敗北後に幕府に帰参した奉行人もかなりいるらしい。

さらに足利直義自身が妾腹の子で、戦乱が起きなければ足利氏庶流になる運命だった要素も看過できない。その影響であろうか、彼は幕府の人事で実力主義を貫き、家柄を誇ることを戒めたと後に九州探題を務めた今川了俊が著書『難太平記』で証言している。単に鎌倉以来の伝統的な武士というだけでは直義に重用されなかったことは、高師秋を見ても首肯できる。

なお、高師直も新興武士層の代表格のようにみなされてきたが、近年の研究では北条氏や足利氏の譜代の家人（「御内人」「御内」）の多くが幕府御家人も兼ねていたことが解明されてきている。師直もまた、というより彼こそが東国の伝統的な御家人階層出身の保守的な武士だったのである。

第二に、師直の軍団についても過大評価はできない。師直の軍事的権限は、基本的に他の守護たちと同格であった。高師泰が侍所頭人を務めたことが軍団形成に大きく寄与したともされてきたが、彼が侍所だったのは幕府草創のごく一時期にすぎない。高一族では、かろうじて南宗継が暦応元年（一三三八）から翌二年にかけて侍所頭人となったにすぎず、直義派の有力者であった細川顕氏の就任期間の方がはるかに長かったほどである。

そもそも軍事指揮権も侍所も、当時は三条殿足利直義が掌握していた。師直や師泰は直義からその権限を委任されて、現地の指揮官として北畠顕家や楠木正行と戦ったのである。

また高一族の守護分国についても別の機会に詳しく検討したことがあるが（『高一族と南北朝内乱』）、彼らの分国は主君足利氏が鎌倉期に守護を相伝した三河および武家政権の聖地である武蔵を除いて、全国に散在し、在任期間もごく短かった。

足利直義が制定に深く関与した『建武式目』の第七条は、守護職は軍忠に対する恩賞であるとする考えを明確に否定し、守護は古代律令《りつりょう》国家の国司に相当する役職で、家柄や世襲ではなく能力で守護の人選を行う方針を謳《うた》っている。国は守護の私物ではないとするいわゆる「守護吏務《りむ》観」であるが、この守護吏務観にもっとも忠実だったのが高一族なのである。

そして実際、たとえば和泉国の田代《たしろ》氏・淡輪《たんのわ》氏・日根野《ひねの》氏といった国人は、細川顕氏（直義派）→高師泰（師直派）→畠山国清（直義派）と守護が交代するたびに所属を変えており、師直派は畿内国人を完全には掌握しきれていない。

第三に、最大の問題は、この説では擾乱の急激な展開をうまく説明できないことである。いくら当時の武士たちがたやすく勝ち馬に乗る存在だったとしても極端すぎる。両派の政策志向や支持基盤が明確に異なっているのであれば、これほど頻繁には武士たちの離合集散は起こらないと考える。

また、伝統的な武士層や寺社勢力と新興武士層の対立は、擾乱の後はどうなったのだろうか。この問題についても、先行研究は「将軍権力の二元化」と抽象的に表現するのみだ。両者の対立は具体的にどう解決されたのか。これは南北朝時代の政治史最大の問題である。

要するに、直義と師直の支持層に明確な相違があったとする佐藤説は、例外が多すぎるのである。そもそも擾乱第一幕で直義派に所属した守護たちは、桃井直常・石塔頼房・上杉憲顕などを除いて、大半が直義優勢が明確になってからその旗幟を鮮明にした者ばかりである。山名時氏・佐々木六角氏頼・上杉朝定・同朝房といった直義派の中核とみなされることが多い武将でさえ、八幡の直義の許へ奔った時期は相当遅い。

明確な支持層の違いなど存在せず、両派は基本的に同質であった。否、そんな党派対立など存在しなかった。明確な派閥が形成されはじめるのは、どんなに早く見積もっても貞和四年（一三四八）正月の四条畷の戦い以降であった。そして一部の武将を除いて、その構成も最後まで流動的であったとするのが筆者の意見である。

直冬の処遇をめぐって

そこで筆者の見解であるが、直接的・表面的な契機としては、足利直冬の処遇をめぐる問題が大きかったと考えている。

そもそも観応の擾乱の直接的なはじまりは、尊氏と師直が九州の直冬を討伐するために出陣したことであった。史料に乏しい難点はあるが、尊氏の実子で有能であるにもかかわらず、なぜか異常に忌み嫌って排除し続ける尊氏に反発が集まった事情は確かにあったと思われる。畠山国清が直義派に転じたのも、その要素が大きいと推定していることはすでに述べた。そして、そんな尊氏の意を承けて、嫡子義詮を次期将軍にするために全力で献身していた師直に対して批判が集中したのではないだろうか。

広義の擾乱が、尊氏と直冬父子の最終決戦で幕を閉じたことも示唆的である。『源威集』も文和の東寺合戦で終わっており、この戦いが戦乱終結の大きな画期として当時の人々に認識されていたことがうかがえる。観応の擾乱は、直冬にはじまり、直冬に終わったのである。

だがそれだけでは、古今東西よくある後継者をめぐってのお家騒動である。厳密に言えば直冬を将軍にしようと考える武士はほとんどいなくて、彼らは一門にふさわしい処遇を要求していたのだと思うが。また講和期の最後では、尊氏や義詮が直冬に文書を発したことからもわかるとおり、直冬は鎮西探題として幕府体制に組み込まれ、この問題もほぼ解決していた。にもかかわらず、その直後に尊氏と直義は決裂したのである。

問題は、繰り返すとおり頻繁に極端に優劣が入れ替わり、内戦が長期化したことなのである。これが、〝普通の〟内乱との決定的な違いである。

恩賞充行をめぐって

政治権力に割とありがちな後継者争いがここまで深刻化した理由は、所領問題、特に恩賞充行をめぐる衝突が根底にあったからだと筆者は考えている。

執事高師直は、恩賞頭人として将軍足利尊氏の恩賞充行袖判下文の発給に携わり、恩賞方を基盤として成立した仁政方において執事施行状も発給し、諸国の守護に沙汰付を命じることでその実現を図っていた。こうした尊氏の下文や師直の施行状は現在も全国に多数残存しており、彼らの所領給付で利益を供与されて生き残った武士が大勢存在したことは間違いない。

だが一方で、にもかかわらず恩賞の拝領から漏れた武士もまたたくさんいたであろうことを看過してはならない。たとえば、康永二年（一三四三）頃に制定された室町幕府追加法第一二条は、恩賞充行の遅れに関する対策を定めた法令である。足利直義管下の庭中方《ていちゅうがた》という訴訟過誤救済機関が、恩賞充行に介入することを可能にした。直義の親裁権強化と評価されてきた法令であるが、そもそも充行が順調に行われていればこんな法律は制定されない。また運よく下文を獲得できたとしても、観応の擾乱以前には施行状が必ず発給されたわけではなかったようである。仮に施行状が出たとしても、恩賞地の領有を絶対的には保障しなかった。

『太平記』にも、幕府から恩賞をもらえずに不満を抱く武士の逸話が散見される。桃井直常が直義派となったのは、建武五年（一三三八）二月の奈良般若坂の戦いにおける軍忠を師直に無視されたことが理由である。文和元年（一三五二）に山名師義が南朝方に転じたのは、石清水攻城戦での勲功が絶大だったにもかかわらず、希望する若狭国税所今富名の領有が佐々木導誉の妨害で実現しなかったからである。恩賞問題を契機として敵に寝返る事態は、この時代恒常的に存在したのである。

師直が寺社本所領の侵略を推奨したとする僧妙吉の有名な讒言も、その内容は武士が恩賞が少ないと師直に文句を言ったことである。恩賞が足りないので、軍事費を捻出するためにやむを得ず寺社本所領を侵略せざるを得ない。実態はともかくとして、少なくとも理論的にはそう認識されていた模様である。

結論としては、擾乱以前の恩賞充行は全体的に見れば停滞し、全国の武士の所領要求を満足させたとは言えないのである。

師直の保守性

こうした恩賞充行の停滞の背景には、実は高師直自身は土地にさほど執着を持たなかっただろうことも考えられる。

高一族の所領についても別の機会に検討したことがあるが（『高一族と南北朝内乱』）、基本的に主君足利氏の本拠地である下野国足利荘と三河国額田郡に集中するのみである。その他は、建武期に尊氏が後醍醐天皇から恩賞として拝領した荘園内の給地を支給されるケースが多く、これだけの権勢を誇った武士としては意外に少ない。

また数少ない所領も、全国に散在して連結性を欠く。かろうじて、鎌倉と京都の中間に位置する遠江国に所領を集中しようとした意図がうかがえる程度である。細川氏が、自らの守護分国に膨大な所領を集積して強大な勢力を築いたあり方とは対照的である。

加えて『太平記』には、師直が「おれはこれほどの美女（源頼政《よりまさ》が上皇より拝領した女性）は国の一〇ヵ国ばかり、所領二〇～三〇ヵ所を代わりに献上してでも賜りたいものだ」と言い放った逸話が出てくる。彼にとって、所領は女性よりも価値が低い存在であったらしい。真偽はともかく、幕府の正史の側面も持つ『太平記』がそう評価しているのは興味深い。

そういえば同じ『太平記』が述べる僧妙吉の讒言でも、他人の所領の不正を看過したと言われても、師直自身が自己の所領拡大に奔走したとは一切非難されていない。敵対者たちでさえ、高一族自身が基本的に無欲であったことは認めざるを得なかったらしいのである。

こうした人物が深く関与する恩賞充行がどんな様相になるのかは、もはや多言を要するまでもないだろう。高師直の人間性や政策志向は、定説とは正反対であった可能性さえ存在するのである。貞和五年（一三四九）閏六月に師直が執事を罷免された際、彼の所領はすべて没収されて他人に与えられた。こういうところにも、師直が恨みを買った理由が垣間見えるのである。

恩知らずども

以上から観応の擾乱の原因は、尊氏—師直が行使する恩賞充行や守護職補任から漏れ、不満を抱いた武士たちが三条殿直義に接近しつつあるところに、足利直冬の処遇問題が複雑にからんで勃発したことに求めることができる。

直義派の高師秋は幕政から完全に排除されたし、大高重成も尊氏の怒りを買って若狭守護や所領をすべて没収された。斯波高経も、擾乱直前までに分国越前を喪失したと推定される。石塔頼房も守護分国を持たなかったが、貞和五年（一三四九）五月頃、直義が師直を圧迫していた時期に伊勢・志摩守護に任命された模様である。頼房が最後まで直義派を貫いた事情も、ここにありそうである。

大局的には足利直冬も冷遇されたので直義派となったのだし、これらの事例を見る限り確かにこの説は成立しそうである。だが子細に検討してみると、状況はやはり複雑である。

桃井直常が不満を持ったとされることは前述したが、それでも彼は暦応三年（一三四〇）に伊賀守護を拝領し、康永三年（一三四四）に越中守護に転任して擾乱にいたっている。少なくとも史実では、普通に功績を評価されている。

細川顕氏が直義派となった理由は、楠木正行との戦いに敗北したために河内・和泉守護を没収されたからであるとするのが通説である。だが大将が敗戦の責任を取るのは当然であるし、彼はこれ以降も讃岐守護は維持している。決して不公平で冷酷な仕打ちを受けたわけではないのである。

上杉重能も内談頭人と伊豆守護を務め、同憲顕も関東執事と上野・越後守護を兼任。将軍近親という血縁も併せ、彼らはむしろ勝ち組であろう。

山名時氏にいたっては、楠木正行と戦った時点ですでに四ヵ国の守護であった。しかも敗戦にもかかわらずこれらの分国をすべて維持したばかりか、大高重成の後に若狭守護に任命され、むしろ勢力を拡大さえしている。彼は出雲守護をめぐって佐々木導誉と確執があったために反尊氏に転じたとも言われるが、それでも擾乱前の幕府でもっとも恩恵を受けた武将であったことに変わりない。

これらは、「私の重恩で立身を遂げ、分国を賜って大勢の従者を持つ者たち」が自分の敵であるとする尊氏の認識があながち的外れではなかったことを示している。そもそも一定の勢力がなければ、尊氏をここまで苦しめることは不可能であろう。

逆に仁木頼章・義長兄弟は、擾乱直前の段階では以前に拝領した分国をすべて失っていた。直義派になってもおかしくないが、彼らは最後まで尊氏派で通した。頼章の丹波没収は、康永二年一二月に守護代荻野朝忠が謀反の容疑を受けたためである。義長の伊賀・伊勢・志摩・遠江のうち、伊勢・志摩は直義派の石塔頼房に奪われたので、尊氏に属して勢力の挽回《ばんかい》を図ったのであろう。だが守護職補任権を行使していたのは尊氏であるし、筋としては尊氏を恨んでも不自然ではない。若狭をめぐって対立していた大高重成・山名時氏・斯波高経が、直義派に同居した事例もある。

結局、師直が主導する恩賞充行の評価は、当時の武士たちにとってもきわめて難しかったのであろう。そもそもが、すべての人間に納得のいく利益を与える政治を行うことなど、現代にいたるまで絶対に不可能である。現代でも、傍目にはありあまる恩恵を享受しながら不平不満だらけの人間など普通に存在する。こうした評価の分かれ方も、擾乱における師直に対する支持の極端な変動につながったと考えられるのである。

直義の敗因と尊氏の勝因

ここで問題となるのは、当時直義が行っていた政治が必ずしも武士の利益とはなっていなかった点である。直義が寺社本所勢力の権益を擁護し、基本的に武士の台頭を抑圧していたことは、本書でもすでに触れたとおりである。

しかし直義の政策は、所務沙汰という彼が行使していた権限によるところが大きい。彼が尊氏―師直に代わって恩賞充行や守護職補任を行えば、尊氏たちより上手に利益を分配してくれるに違いない。当時直義を支持した武将たちは、このように期待したのではないだろうか。

だが直義が、彼らの期待を見事に裏切ったことはすでに述べたとおりである。彼は尊氏から恩賞充行権を取り上げることさえしなかった。南朝との講和交渉を除き、そのあまりに無気力で消極的な態度に、直義を支持した武将たちの多くは失望し、彼の許を去っていったと考えられる。義詮が直義を異常に嫌った事情も大きいと思うが、根本的には彼の無気力が最大の敗因だったのである。

直義のやる気のなさは、四〇歳をすぎて授かった実子如意王が陣中で夭折したことも大きいが、最大の原因はやはり血を分けた兄である尊氏と戦いたくなかったからであるに違いない。

逆に尊氏は、擾乱以前は基本的に消極的であった。正平の一統の節でも触れたが、彼はもともと後醍醐天皇と戦いたくなかったのだが、直義に強引に引っぱられて幕府を樹立した経緯がある。それもあって、幕府発足後も政務の大半を直義に譲り、介入しない原則を採っていたのである。

だが擾乱勃発後の尊氏は、急に積極的になって気力がみなぎっている。特に武蔵野合戦のあたりは、政治家としても武将としても以前とはまるで別人である。

これはやはり、嫡子義詮に将軍職を継承させたいとする想いが核心に存在したのであろう。両者の勝敗を分けた最大の原因は、きわめて単純であるが結局は気概の差だったのである。

2　観応の擾乱と災害

南北朝時代と災害

観応の擾乱が深刻化したのには、災害の影響も無視できないと考える。

そもそも南北朝時代自体が、恒常的に異常気象が発生する時代だったらしい。古くから知られているところでは、建武三年（一三三六）は異常に寒冷な年であった。『太平記』には、同年一〇月中旬に比叡山から北陸へ逃れた新田義貞が越前国木ノ芽《きのめ》峠を越えたとき、季節外れの猛吹雪に遭って多数の凍死者を出したことが描写されている。この年が非常に寒かったことは、長野県木曽地方のヒノキの年輪成長曲線の調査からも裏づけられる。

田中奈保氏の研究によれば、暦応五年（一三四二）に西国で長期間の旱魃《かんばつ》が発生した。康永四年（一三四五）七月四日には彗星《すいせい》が出現し、同月末には大洪水が発生し、九月には疫病が流行した。そのため、北朝は一〇月二一日に「貞和」と改元したほどである。

この貞和年間に三条殿足利直義が主導する室町幕府と光厳上皇院政下の北朝が共同して徳政を推進したのも、災害対策の側面があったことが指摘される（「貞和年間の公武徳政構想とその挫折」）。

天変地異の続発

貞和五年（一三四九）は直義と執事高師直の対立が顕在化した年であるが、奇しくも人々の不安を煽《あお》るような怪異《かいい》や災害が立て続けに発生した年でもあった。

たとえば二月二七日には、京都の清水寺で火災が発生し、堂舎が悉《ことごと》く焼失した。同年三月一四日、京都土御門東洞院にあった将軍足利尊氏邸が火災に遭ったことはすでに述べた。六月一一日には、京都の四条河原で橋を建設する資金を集めるための勧進田楽《かんじんでんがく》が開催され、将軍尊氏臨席のもと、多数の市民が見物した。その興行の最中、突然桟敷が倒壊し、一〇〇人以上の死者を出す大惨事となった。

これらの火災や事故は、現代ならば新聞の一面を飾って連日報道されるほどの大きなニュースとなるだろう。清水寺の火災や桟敷倒壊事故は『太平記』でも言及され、特に後者は政変の前兆として大きく取り上げられている。

同月二六日と二八日には、空に「三星合《さんせいごう》」が出現した。三星合とは、金星・木星・水星・月のうち三つの天体が接近する天文現象で、これを当時の人々は不吉な怪異として怖れた。二六日の三星合は金星・木星・水星の接近で、二八日にはこれらに月まで加わった。

翌閏六月三日には、東南の空と北西の空から電光が出現し、二つの光が戦うように激しく飛び交って消滅した。また同日、石清水八幡宮の御殿も一日中鳴動《めいどう》した。

これらも『太平記』に記され、『園太暦』でも確認できる。否、一般的に中世人より迷信深くないとされる現代人でも、これだけの火災や事故や不吉とされる天文現象が立て続けに発生すれば、不安な気持ちになるのではないだろうか。

同月五日、怪異に対処して、将軍尊氏邸で五大虚空蔵法《ごだいこくうぞうほう》が修せられた。ただし先に述べたように尊氏邸は当時再建工事中で、尊氏は師直の一条今出川邸に住んでいた。よって、この修法《しゅほう》も実際は師直邸で行われたと思う。

師直が執事を罷免され、直義が権勢を振るっていた七月一九日には、規模の大きい地震が発生した。応安元年（一三六八）頃には、このときの地震は直義と師直の合戦の予兆と解釈されていた。八月一四日は高師直のクーデター、いわゆる御所巻が起きたが、後世の人々は御所巻が起こった原因を赤潮と考えた（『神明鏡《しんめいきょう》 下』）。

東寺領荘園の荒廃

とはいっても、火災や事故ならば、当事者でなければ少なくとも物理的には直接の被害はない。天文現象も、当時の人々が不吉と解釈しただけである。だが飢饉《ききん》による経済的困窮や食糧不足は、被害が広範囲におよぶうえ、生死に直結するだけに誰にとっても重大な惨事である。

『東寺学衆方評定引付《とうじがくしゅうかたひょうじょうひきつけ》』という史料がある。これは東寺の学衆方という組織に所属する僧侶たちの評定（会議）の議事録で、東寺の寺院経営や荘園支配の様相がうかがえる貴重な史料である。また『学衆奉行引付』という史料もあって、こちらは観応元年（一三五〇）に作成された学衆方関連の文書の写のみを収録したものである。

これらの記録によれば、貞和五年（一三四九）から観応二年にかけて東寺領の諸荘園で災害が多発し、それに伴って年貢未進《みしん》（未納入）の問題が発生した模様である。

貞和五年六月二九日の評定では、洪水によって東寺領山城国上桂荘《かみかつらのしょう》の井戸や用水路が破損された件について評議が行われた。被害状況を調査し、修理費用を提供することが決められ、さしあたり給主祐賢《きゅうしゅゆうけん》の報告に基づいて修理費用五石を給付することが決定した。桂川に接する地理的条件のため、上桂荘は恒常的に水害に悩まされていたのである。

閏六月三日には、東寺領播磨国矢野荘《やのしょう》でも洪水が起こったことが報告された。八月二七日の評定で、年貢減免の可否が議論されたが、同荘はもとからある程度年貢額が減らされているとの理由で、減免は却下された（ただし、被害状況の報告は命じられている）。この問題は、一〇月一〇日にも議題となったようである。その後、矢野荘側が無断で年貢の額を減らした散用状《さんよう》（収支決算報告書）を提出したため、一二月二三日に学衆方はこの散用状を同荘給主に返却した。

観応元年二月二八日にも、貞和五年に荒廃した矢野荘について、百姓の年貢減免の要求を却下した記事が載せられている。同月三〇日付で、三月一五日までに未進の年貢をすべて納めるよう同荘沙汰人《さたにん》に命じた文書も残っている。

しかし矢野荘は期日までに年貢を納めることができず、四月一八日にはなお催促すべきことが議論されている。五月付の文書では、六月までに年貢を納めなければ名主《みょうしゅ》・百姓の名田を没収することが記されている。さらにこの文書によれば、以前却下したにもかかわらず、矢野荘は同じような散用状を再度提出したらしい。

東寺領山城国上野荘《かみののしょう》（上桂荘の異称）では、五月二七日から二九日にかけて洪水が起こり、堤防と用水路が破壊された。二年連続の大水害である。同荘の百姓たちは修理費一五石を希望したが、六月三日の評定では当初は五石しか許可されなかった。だが再度の審議で六石が免除され、翌四日付の同荘預所《あずかりどころ》宛の文書に記された。

九月二四日、今年は全国的に豊作であり、播磨国も荒廃していないので年貢減免は認めがたいとする文書を学衆方は矢野荘沙汰人に出した。しかし上野荘の水害の件に鑑みても、学衆方の主張はいかにも苦しい。観応二年三月一八日の評定では、一昨年の貞和五年の散用状が依然矢野荘から提出されていないことが議題となっている。

一方の上野荘だが、わずか六石では堤防の修復は到底不可能で、問題は観応二年に持ち越された。同年四月一八日の評定では、前年の散用状に五段あまりの土地が水害で河原となったと記載されていたことが問題となった。前年一〇月末の収穫の後に報告されたことが不審とされたのである。本当は川になどなっておらず、年貢を納めることができるのに偽っているのではないかということである。だが、特別に寛容の精神で半額の免除が許可された。また同時に、給主が堤防の修理費一石五斗を勝手に散用状に載せたことも糾弾された。ただし、二段の開発費用と併せて堤防修理費五石の免除を要請してきたことについては、半額だけ認められた模様である。

そして六月五日付で、上野荘預所に対して貞和五年・観応元年両年分の年貢八石あまりの納入を命じる学衆方の文書が出された。矢野荘と同様に、上野荘でも災害等による年貢未進が恒常化していたのである。

わずか三年間、それも比較的史料が豊富に残る東寺領荘園に限定して瞥見しただけであるが、観応の擾乱期に災害が多発したことを察することはできるだろう。要するに、この頃は雨が多く、洪水によって堤防が決壊して用水路も流され、田畑も被害を受けて収穫量が激減し、当然荘園領主に納められる年貢の量も減少したのである。

崇光天皇の即位式をめぐって

北朝では貞和四年(一三四八)一〇月二七日、崇光天皇が即位した。北朝は崇光の即位式を翌年三月に開催しようとして、幕府にその費用二七万疋の提供を要請した。これは、建武期に光明天皇が即位したときの先例に従ったものである。

だが建武時とは異なって天下が静謐であることを理由に、幕府はこの要求を断った。確かに貞和四年正月に四条畷の戦いがあったものの、貞和五年の初頭は幕府が言うとおり戦乱は収まっていた。

しかし逆に考えれば、なぜ北朝は平時であるにもかかわらず、戦時と同様の措置を幕府に求めたのであろうか。筆者はこれもやはり、全国で災害が広範に起こっていたであろうことが関係していると推定している。災害によって即位式を行う予算が十分に集まらなかったので、北朝は幕府に費用の拠出を求めたのではないだろうか。また、北朝を重んじる直義主導の幕府がめずらしく北朝の要請を拒否したのも、災害の影響で幕府もこれほどの大金を提供することが困難であった事情も作用したと思われる。

結局、三月に予定されていた崇光の即位式は七月に延期されたが、これもさらに延期した。実際に即位式が開催されたのは、ようやく年の暮れの一二月二六日だったのである。この頃は、直義は失脚していたが九州で直冬の勢力が拡大しはじめており、狭義の観応の擾乱はすぐそこまでせまっていた。

なお、天皇が即位した後に初めて行われる新嘗祭《にいなめさい》（天皇が収穫された米を神々に捧げる儀式）を特別に大嘗祭《だいじょうさい》と称して重視したが、崇光天皇は正平の一統によって正平六年（一三五一）一一月七日に退位するまで、ついに大嘗祭を行うことができなかった。

少ないパイの奪い合い

貞和末から観応にかけて、水害の被害を受けた荘園は、東寺領だけではなく全国的に存在したことであろう。そして荘園領主である公家や寺社だけではなく、地頭などの荘官を務めていた武士が得る年貢の量も、当然減少したに違いない。ただでさえ満足のいく恩賞所領をもらえない武士が災害によって年貢を徴収できなくなれば、幕府に対する不満をいっそう強めることは容易に想像がつくであろう。

そうした不満の矛先は、当初は恩賞充行の業務を担っていた執事高師直に向けられ、次いで勝利したにもかかわらず味方の武士たちに報いようとしない直義に向かった。恒常的な災害の多発も、観応の擾乱を激化・長期化させたと推定できるのである。

3　その後の室町幕府——努力が報われる政権へ

恩賞充行の広範な実施

本書の最後に、観応の擾乱が後世の幕府に及ぼした政治的・制度的な影響や遺産を論じて締めくくりたい。

まずは恩賞充行が広範に実施されたことである。この点は、本書でも再三述べてきた。本項では、その積極性をうかがえる足利尊氏が同義詮に出した書状を紹介したい（京都国立博物館所蔵文書）。この書状については清水克行《しみずかつゆき》氏がすでに紹介しており（『足利尊氏と関東』）、その現代語訳が名訳だと思うので、そのまま引用しよう。

赤松則祐の所領が関東にあるなんて知らなかったんで、しつこく恩賞を求めてくるヤツらにくれてしまったよ……。赤松から替わりの所領をくれと泣きつかれて困っている。京都の方に適当な所領があったならば、急いで世話してやってくれ。わるいな。

この書状は、観応三年（一三五二）六月五日付である。尊氏と直義が日本列島の東西を分割統治していた時期に出された。いかにも尊氏らしい内容であるが、当時の恩賞充行のすさまじさを物語る史料である。

観応の擾乱以降、恩賞地に関する幕府追加法が増加する。同年九月一八日に制定された第五九条は、同一の恩賞地を複数の武士に充行《あておこな》ってしまった場合、日付の古い方を優先することを定めている。第六〇条は前述したが、下文施行状の遵守を厳格化する規定である。文和元年（一三五二）一〇月一五日制定の第六二条は、寺社への寄進地と武士への恩賞地が重複した場合の対処である。その他、文和四年八月二二日制定の第七八条、延文二年（一三五七）九月一〇日制定の第七九条も恩賞地に関する規定である。

また寄進地と恩賞地が重複した場合、擾乱以前は武士に代替地を与えていたのが延文頃には寺社に代替地を与える方針に変化した形跡もうかがえる。擾乱直後の幕府が、武士への所領給付にいかに腐心したかがよくわかる。

こうした恩賞充行は、かなりの武士を満足させたと思われる。万人を完全に納得させることは不可能であろうが、長期的には戦乱収束の要因になったことは確かである。

管領制度

将軍の恩賞充行袖判下文には、施行状が発給されて諸国の守護に沙汰付が命じられることによって実効が保障された。だが施行状の発給者は、擾乱以前の高師直のように必ずしも執事とは限らず、将軍や引付頭人が発給する場合もあった。二代将軍足利義詮の治世末期には、義詮自らが施行状発給権を独占した模様である。この時期は、執事制度そのものが廃止されていたらしい。

だが、貞治六年（一三六七）一二月に足利義詮が急死し、細川頼之が執事として幼少の三代将軍義満の政務を代行する体制となると、執事施行状は復活した。以降、施行状は執事が独占的に発給する体制となるのである。換言すれば、室町幕府は試行錯誤の末に初代執事師直の体制に回帰したとも言える。

やがて執事は、引付頭人の所務沙汰の権限も吸収し、「管領」と呼ばれる役職に発展する。そして将軍を補佐する管領の制度が、応仁の乱にいたるまでの室町幕府の基軸として定着するのである。

半済令

だが、将軍がいくら積極的に恩賞を分配しても、それだけでは到底足りなかったらしい。

そこで幕府は、擾乱以前は抑制的であった守護による闕所地《けっしょち》処分を大幅に認める政策に移行した。

観応三年（一三五二）七月二四日制定の幕府追加法第五六条で、西国の義詮政権は近江・美濃・尾張三ヵ国の本所領年貢半分を兵粮料所として一年に限定して軍勢に預け置く権限を守護に認めた。これが半済令《はんぜいれい》である。高校日本史の基本事項であるので、ご存じの方も多いだろう。

同年八月二一日までには半済の対象地域が八ヵ国に拡大し、やがて年限も拡大して下地の分割も許可された。直義期とは雲泥の差である。そして実際、現存する守護による充行状や預置《あずけおき》状の残存数も、観応二年から文和三年（一三五四）にかけて激増する。

ただし半済令には、逆に守護の取り分を半分に限定することによって、寺社本所領を保護する側面も存在した。よって半済令は、武士の利益を重視したのか、それとも寺社の権益を保護したのか、その評価をめぐって活発な議論が展開されてきた。

両方の要素を併せ持つものに対して、どちらなのかと無理に決めようとするのも不毛なことだとは思うが、今までの経緯を見る限り、やはり守護や武士の権力拡大の側面が大きかったことは否めない。擾乱以前は、少なくとも建前では兵粮料所を無断で設置することは禁止され、北朝や幕府の認可が必要だったのである。

ともかく、こうして諸国の守護は自身や配下の武士に分国内の所領を分配し、支配をいっそう強化することとなった。同じ守護でも、擾乱前後ではその権力に格段の上昇が認められるのである。

所領安堵の簡素化

変わったのは恩賞充行だけではない。所領安堵も変質した。

直義期の所領安堵の手続きは、かなり煩瑣であった。まず申請者が、安堵方に安堵を申請する申状と譲状を提出する。次いで安堵方から所領が存在する国の守護宛に、申請者が本当にその所領を支配しているか、異議を唱える者がいないかを尋ねる奉書を発給する。そして守護の報告を受け取ってから、ようやく直義下文が発給されたのである。

これは鎌倉幕府の所領安堵の手続きを踏襲したものである。確実であるが、時間が非常にかかる。事実、現存する直義の所領安堵下文の数は意外に少ない。また異議申し立て人が登場した場合、案件は引付方に移されて理非糺明の訴訟が開始された。こういう点でも、いかにも評判の悪そうなシステムである。

こうした手続きは、直義が失脚してから一切消滅した。以降の所領安堵は、守護の推薦状があれば即時に行われるようになった。手続きが簡素化し、迅速な安堵が可能となったのである。

また安堵方も消滅し、所領安堵は恩賞方の管轄となった。こうした組織の改編も、所領安堵が恩賞充行と同質化していく契機となった。

恩賞としての官職任命

朝廷の官職の任命方法も変化した。すでに述べたが、直義期の任官は寺社の修造などを請け負った褒賞として行われる、いわゆる「成功《じょうこう》」というシステムであった。

すなわち、少なくとも建前上は戦場で積んだ勲功による恩賞ではなかったのである。尊氏・直義講和期における任官が抑制的であったのも、この方式を遵守していたことが大きな要因だ。恩賞としての武家任官は建武政権や南朝でもすでに行われており、この方面における室町幕府の守旧性にはまことに驚かされる。

だが、擾乱以降は、北朝—室町幕府の武家任官も恩賞を理由として堂々と行われるようになった。

合理化する訴訟

最後に、所務沙汰の変化を見てみよう。観応三年（一三五二）五月以降に、西国の義詮政権において引付方が復活したことはすでに述べた。その後文和二年（一三五三）九月に将軍尊氏が帰京すると、恩賞充行権をふたたび尊氏が独占し、義詮は御前沙汰—引付方を中核とする所務沙汰の業務に専念している。

延文元年（一三五六）頃、恩賞充行権が尊氏から義詮へ移動した。ここに義詮が全権を掌握し、事実上の二代将軍としての活動を開始する。ここに、権限も領域も一元的に掌握した室町幕府の最高権力者がようやく出現したのである。従来、この画期性はあまり指摘されてこなかったように見受けられる。大胆な変革は、案外目立たないものなのかもしれない。

翌延文二年七月、義詮は寺社本所領保全を目的とする制法を定めた。注目されるのは、同時に引付方が廃止されたことである。観応二年七月に続く、二度目の引付方廃止である。本書をここまで読まれた方なら、義詮の意図がよくわかるだろう。彼は幕府の全権掌握を契機に、ふたたび理非糺明の訴訟を制限する意向を示したのである。いかに迅速な判決が望まれていたのかがよくわかる。ただし案件によっては論人の主張にも理があり、どうしても理非糺明を行わなければならない場合もある。そうした場合は、執事が運営する仁政方に理非糺明を行わせたらしい。

延文三年四月三〇日、尊氏が波瀾《はらん》に満ちた生涯を閉じる。背中にできた癰《よう》（腫れ物）が死因であった。評価の難しい武将であるが、筆者はやはり不世出の将軍であったと考えている。惜しむべきは、もっと早く政治に意欲を見せていれば、擾乱勃発を防止して幕府の損害も少なく抑えられたかもしれない点だ。同年一二月八日、義詮が正式に将軍に就任する。

貞治二年（一三六三）八月、引付方が三度目の復活を果たす。この時期の幕府は、斯波高経が四男義将《よしゆき》を執事、五男義種《よしたね》を侍所頭人、そして嫡孫義高《よしたか》を引付頭人に据え、一族で要職を占有することで幕府を運営した。引付頭人は、他に吉良満貞・今川範国・佐々木六角氏頼・山名時氏の在任を確認できるが、義高の奉書の残存数が圧倒的に多い。この斯波高経が、引付（内談）方の運営を充実させた三条殿足利直義の与党であったことも実に興味深い。当時、ある種の復古政治が展開されていたのである。

だが貞治五年八月に政変が起こって斯波氏が失脚すると、以降の引付方の活動は徐々に停滞していき、応永元年（一三九四）の吉良俊氏《としうじ》奉書を最後に引付頭人奉書も消滅する。引付方の機能は、前述したように管領に吸収されるのである。

引付方は五つの部局に分かれ、それぞれの部局に頭人―評定衆―奉行人が配置され、訴訟を指揮していた。このような充実した組織でさえ、訴訟の停滞が頻繁に起こって訴人に不便をかけていた。それが管領一人で処理できるようになったこと自体が、いかに訴訟の簡素化が進行したのかをよく物語る。

また定期的に会議が開かれる式日運営もすたれ、奉行人が将軍や管領に個別に案件を持ち込む「伺事《うかがいごと》」の方式が常態化していった。だが、これは退化を意味しない。合理化と理解するべきであろう。組織が肥大化して手続きが煩雑化することは、必ずしも進歩を意味しないのである。

もちろん、理非糺明の訴訟が完全になくなったわけではない。論人の主張も聴く三問三答の制度も存続した。重要なのは、幕府が本当に問答が必要であると判断した案件に理非糺明を限定するようになったことなのである。

その結果、裁許下知状の残存数が激減した。直義は現存するだけでも九三通の下知状を発給したが、義詮はわずか九通しか残していない。そして義満になるともっと減少した。ついには、所務沙汰裁許としての下知状は完全に消滅してしまう。これはまた、鎌倉幕府以来の直義政治の終焉も意味したのである。

努力が報われる政治

以上、観応の擾乱以降の政治体制の変化を瞥見してきたが、一言でまとめれば、「諸政策の恩賞化」なのではないだろうか。幕府に奉公して忠節を尽くせば、必ず何らかの形でその努力に報いる。それは武士だけではなく、寺社や公家に対しても同じである。

訴訟も、提訴した時点で少なくとも理屈の上では幕府を信頼していることを示す。信頼するからこそ、勝訴を期待して訴える。だから証拠文書などで一定の条件を満たせば、勝訴の判決を迅速に下した。

機構面においても、すでに述べたように所領安堵は恩賞方の管轄となり、所務沙汰も恩賞方を母体とする御前沙汰の担当となった。幕政の恩賞化が明瞭に現れている。

足利義詮は擾乱直後に大量に恩賞地を分配する一方で、寺社本所保護政策も強力に推し進めた。両者の権益が衝突する矛盾を見事に解決し、武士と寺社双方の支持を勝ち取ったのである。

また幕府は、敵対者も帰参すればそれなりに厚遇した。たとえば山名時氏は貞治二年（一三六三）九月にようやく幕府に帰参したが、それまで実効支配していた丹波・丹後・因幡・伯耆・美作の五ヵ国の守護職を一族に安堵された。

山名氏はやがて一一ヵ国もの分国を獲得し、「六分一衆《ろくぶんのいちしゅう》」などと称されるほど強大な勢力となったので、明徳二年（一三九一）に将軍義満は山名氏を討伐した（明徳の乱）。しかし、それでも同氏は但馬・因幡・伯耆三ヵ国を戦後に維持した。最終的には六ヵ国の守護として定着し、侍所頭人を不定期に務める「四職《しき》」の一つとして幕府の重鎮となる。

土岐氏・大内氏も同様に義満の討伐を受けたが、滅亡はせずに守護家として継続している。桃井氏・上野氏も後に奉公衆の番頭を務める家柄となった。室町幕府は、ある意味では敗者に対しても意外に寛容だったのである。

なお、観応の擾乱で大活躍し、本書の主人公の一人ともいえる佐々木導誉は、擾乱以降も長期間にわたって活躍し、楠木正儀との心温まる交流や花見で斯波高経に恥をかかせた話など、『太平記』にも多くの逸話を残した。そして応安六年（一三七三）八月二五日に死去した。代表的な婆娑羅大名で数多くの武勇伝を持つが、子息秀宗・秀綱や孫秀詮《ひであきら》・氏詮《うじあきら》は彼に先立って南朝軍との戦いで戦死した。もちろん彼も常に命がけだったわけであり、単に突っ張るのではなく常にリスクを背負っていた点は評価できる。

足利尊氏と言えば、『梅松論』に記される夢窓疎石による人間評が著名である。
①心が強く、合戦で窮地に陥っても怖れなかった。
②慈悲天性で、人を憎むことがなかった。多くの怨敵も我が子のように寛大に許した。
③心が広く、武具や馬などを惜しまずに人に与えた。
こうした尊氏の特質が明瞭に現れるのは、むしろ擾乱以降、疎石が死去した後なのではないだろうか。

努力すれば報われる。この場合の「努力」とは幕府への奉公を意味するが、幕府がこのような信頼を得た意義は大きい。忠節を続けていれば、必ず何らかの形で権益を与えられる。万一敵対しても、帰参すれば決して悪いようにはされない。自分が殺されたとしても、最低限、家の存続は許される。

こうして、多くの武士が幕府へ馳せ参じた。それが、義満以降しばらく続く幕府の全盛期の実態であったと筆者は考えている。そうした変化の大きな契機となった意味で、観応の擾乱は室町幕府にとって有意義な試練だったのである。

あとがき

日本史に興味を持ちはじめたのは、小学生からである。小学二年生の頃に、子ども向けの聖徳太子や豊田佐吉《とよださきち》の伝記を読んだ記憶がおぼろげながらある。やがて多くの歴史ファンと同様に戦国時代に関心が向き、織田信長や徳川家康などの戦国大名にはまった。だが、そうした中でも強大な鎌倉幕府と江戸幕府の間にはさまれ、テレビ番組などに取り上げられることもあまりなく、教科書の扱いもやたらと小さい室町幕府のことが何となく気になっていた。

高校生のとき、NHKの大河ドラマで『太平記』が放映され、書店には南北朝時代関連の書籍が大量に並んだ。それらの書籍を読んだが、筆者の興味関心はそれらがほとんど言及しない観応の擾乱以降の政治史へ向かっていった。つくづく自分でも天の邪鬼《あまじゃく》だと思う。

大学に入り、現代政治にも多少の関心を持っていく中で、鎌倉幕府→建武政権→室町幕府の政権交代とともに、観応の擾乱の異様な展開が筆者の心をとらえて離さなくなった。高師直も足利直義も滅亡するほどの大乱でありながら、なぜ最終的に足利尊氏が勝者となったのか。そして、なぜその後に足利義満の全盛期が到来したのであろうか。

しかも室町幕府は、紆余曲折を経ながらも、一応二世紀以上存続する長期政権となったのである。短命に終わる政権と長期化する政権に政策面で大きな違いがあるとすれば、それは何か。大げさに言えば、政権担当能力を解明したいと考えるにいたった。観応の擾乱は、その研究のためには格好の素材なのではないだろうか。

こうした問題意識から、卒業論文では直義が管轄した所務沙汰を扱い、直義と師直の政策志向に本質的な差違は見られないことを論じた。擾乱の原因がいっそうわからなくなってしまっており、公表するのも恥ずかしい代物であるが、現在では出自や守護分国・所領のあり方から、定説とは正反対に師直を保守的な武士と評価するにいたっている。

中公新書編集部の上林達也氏に企画のお話をいただいたのは、二〇一五年の末か二〇一六年のはじめ頃だったと記憶している。そのときは特にテーマは決まっていなかったのだが、漠然と観応の擾乱が頭をよぎった。

当時の筆者は、二〇一五年八月に吉川弘文館から『高師直——室町新秩序の創造者』、二〇一六年三月に戎光祥出版から『高一族と南北朝内乱——室町幕府草創の立役者』を刊行し、『足利直義——下知、件《くだん》のごとし』を執筆中であった(ミネルヴァ書房、二〇一六年一〇月刊行)。

観応の擾乱については、すでに右の諸書でかなり言及している。しかし、これらはそれぞれ高師直・高一族・足利直義に焦点を当てた伝記であり、観応の擾乱そのものを論じたものではない。たとえば直義に対して、最後まで講和の道を模索した尊氏と、強硬路線をくずさなかった義詮との間で合戦の噂が立つほどの衝突があったことなど、多くの興味深い事柄には言及できなかった。

さらに、これらの本は当然師直や直義が死去した時点で基本的には終わっている。武蔵野の大地を駆け巡り、足利直冬との戦争でも強い心を見せて多くの将兵を心服させた、いわゆる広義の擾乱における征夷大将軍の名にふさわしい尊氏の姿にも言及していない。

加えて、擾乱以降の室町幕府の政策面での変化や統治機構の改革などへの言及も不十分であった。こうした理由で、観応の擾乱を正面から取り上げる単著の必要性を痛感したのである。南北朝時代政治史の研究をはじめて二〇年ほどになるが、ここにいたって当初の問題意識に回帰したのである。

同じ時期を扱っているため、内容的には今までの拙著と重複する部分も多く、その点は御容赦いただきたい。ただし、筆者の見解を変更した点もいくつか存在する。

そしてもちろん、今までの本では言及しなかった事柄も新たに大量に紹介した。その際、参考にしたのが、主要参考文献にも掲げた橋本芳和「南北朝和睦交渉の先駆者、足利直義（Ⅰ）〜（Ⅵ）」（『政治経済史学』五九二〜五九七、二〇一六年）である。

しかし、本論文は学術雑誌に掲載された学術論文であり、一般の読者にはなじみが薄いものである。また題名からあきらかなとおりに直義による南朝との講和交渉を主題とする論文であり、観応の擾乱そのものは論点ではない。史料解釈に関しても、筆者の見解とは異なる部分が多い。何より、基本的には従来の定説に依拠している。以上の理由から、観応の擾乱に関しては、やはり本書が今後の必読文献になることができればと考えている。

出典に関しては、古文書については文書名をできるだけ挙げる方針を採った。日記史料については煩雑となるため省略した箇所が多いが、大半は『園太暦』『房玄法印記』『師守記』が典拠である。なかでも、北朝廷臣洞院公賢による『園太暦』には多くを依拠している。公賢が観応の擾乱の経過を詳細に記してくれたおかげで、本書は非常に充実した内容になったと思う。激動のなか、記録を留めてくれたことには頭が下がるばかりだ。

また第3章第1節で紹介した御所巻の参加者については、兵藤裕己校注『太平記（四）』（岩波書店、二〇一五年）を採用した。同書は、京都の龍安寺《りょうあんじ》所蔵（京都国立博物館寄託）の西源院本『太平記』を底本としている。西源院本は一五世紀初めに書写され、一六世紀前半に転写したとされる同記の古写本で、史実に近いと考えられるからである。

本書に掲載されたクレジットのない写真は、原則として筆者が現地に赴いて実際に撮影したものである。特に丹波国石龕寺は交通の便が非常に悪いところで、おそらく二〇キロメートル近く歩き、電車も合わせて五時間ほどは待ったと思う。飲食店やコンビニエンスストアもほとんど見あたらなかった。しかも足利義詮の屋敷があったとされる石龕寺の奥の院は危険を伴う険しい山麓にあり、観応の擾乱第一幕における足利尊氏派の劣勢を強く感じさせた。

こうした経験も、今となっては楽しい思い出である。

本書で筆者が特に伝えたかったのは、細川顕氏や佐々木導誉など魅力あふれる室町幕府の諸将の姿や、訴訟制度を根本的に変革した足利義詮の優れた政治力もそうだが、やはりなんといっても将軍足利尊氏の変化である。擾乱以前には基本的に無気力であった尊氏が、擾乱以降はきわめて積極的に活動しているのだ。このときの尊氏は、四〇代半ばである。当時としてはかなりの高齢であろうし、現代でもこの年齢で性格が変化することは滅多にないであろう。だが人間は、努力すれば必ず変わることができる。尊氏の変化は、個人的には勇気を与えられるし、読者の方々にも同じように感じていただければ、それだけでも本書の存在意義はあると考えている。

そして筆者は、政治権力の存在意義は国民の利益を実現することだと考えている。それを達成できる政権が、国民の支持を得て存続することが望ましいあり方だろう。観応の擾乱が、現代の政治を考えるうえでもなんらかのヒントになれば幸いである。

最後に、このようなマイナーな戦乱を新書のテーマにするという筆者の無謀なお願いを快諾してくださった、担当編集者の上林達也氏に篤く御礼申し上げます。

平成二九年五月一二日

亀田　俊和

主要参考文献

家永遵嗣「光厳上皇の皇位継承戦略と室町幕府」（桃崎有一郎・山田邦和編『室町政権の首府構想と京都――室町・北山・東山』（文理閣、二〇一六年）
石井良助『中世武家不動産訴訟法の研究』（弘文堂、一九三八年）
岩元修一「室町幕府禅律方について」（川添昭二先生還暦記念会編『日本中世史論攷』文献出版、一九八七年）
上島有『中世花押の謎を解く――足利将軍家とその花押』（山川出版社、二〇〇四年）
小川信『足利一門守護発展史の研究』（吉川弘文館、一九八〇年）
笠松宏至「中世法の特質」（同『日本中世法史論』東京大学出版会、一九七九年、初出一九六三年）
亀田俊和『室町幕府管領施行システムの研究』（思文閣出版、二〇一三年）
亀田俊和『南朝の真実――忠臣という幻想』（吉川弘文館、二〇一四年）
亀田俊和『高師直――室町新秩序の創造者』（吉川弘文館、二〇一五年）
亀田俊和『高一族と南北朝内乱――室町幕府草創の立役者』（戎光祥出版、二〇一六年）
亀田俊和『足利直義――下知、件のごとし』（ミネルヴァ書房、二〇一六年）
亀田俊和「仁政方再論――山本康司氏の批判に接して」（『ぶい&ぶい』三〇、二〇一六年）
亀田俊和『征夷大将軍・護良親王』（戎光祥出版、二〇一七年）
木下聡「足利基氏期の関東管領と守護」（黒田基樹編『足利基氏とその時代』戎光祥出版、二〇一三年）
久保田順一『上杉憲顕』（戎光祥出版、二〇一二年）
呉座勇一『戦争の日本中世史――「下剋上」は本当にあったのか』（新潮社、二〇一四年）
小要博「発給文書よりみたる足利義詮の地位と権限」（上島有編『日本古文書学会論集7　中世Ⅲ　南北朝時代の武家文書』吉川弘文館、一九八六年、初出一九七六年）
佐藤進一「室町幕府開創期の官制体系」（同『日本中世史論集』岩波書店、一九九〇年、初出一九六〇年）

佐藤進一「室町幕府論」(右所掲同氏著書、初出一九六三年)
佐藤進一『南北朝の動乱』(中央公論社、一九七四年、初出一九六五年)
佐藤進一『室町幕府守護制度の研究　上・下——南北朝期守護沿革考証編』(東京大学出版会、一九六七・八八年)
佐藤博信「足利義詮の花押について」(同『中世東国の支配構造』思文閣出版、一九八九年、初出一九八二年)
清水克行「「御所巻」考——異議申し立ての法慣習」(同『室町社会の騒擾と秩序』吉川弘文館、二〇〇四年)
清水克行『足利尊氏と関東』(吉川弘文館、二〇一三年)
鈴木由美「鎌倉幕府滅亡後も、戦い続けた北条一族」(呉座勇一編『南朝研究の最前線——ここまでわかった「建武政権」から後南朝まで』洋泉社、二〇一六年)
瀬野精一郎『足利直冬』(吉川弘文館、二〇〇五年)
高橋恵美子「中世東国武士団と「軍記」——下総結城氏と『源威集』」(同『中世結城氏の家伝と軍記』勉誠出版、二〇一〇年、初出一九九九年)
田中奈保「貞和年間の公武徳政構想とその挫折——光厳上皇と足利直義の政治的関係から」(阿部猛編『中世政治史の研究』日本史史料研究会、二〇一〇年)
谷口雄太「新田義貞は、足利尊氏と並ぶ「源家嫡流」だったのか?」(呉座勇一編『南朝研究の最前線——ここまでわかった「建武政権」から後南朝まで』洋泉社、二〇一六年)
長又高夫「建武政権における安堵の特質——雑訴決断所設置後を対象として」(『史学研究集録』一三、一九八八年)
新田一郎「中世「裁判」の「理念」をめぐって——「入門」手続と「入理非」」(同『日本中世の社会と法——国制史的変容』東京大学出版会、一九九五年、初出一九九三年)
羽下徳彦「室町幕府侍所考」(小川信編『室町政権』有精堂、一九七五年、初出一九六三・六四年)
羽下徳彦「足利尊氏の立場——その一　軍勢催促状と感状を通じて」(同『中世日本の政治と史料』吉川弘文館、一九九五年、初出一九七三年)

羽下徳彦「足利直義の立場――その二　裁許状を通じて」（右所掲同氏著書、初出一九七三年）
羽下徳彦「観応擾乱――南北朝内乱の第二段階」（右所掲同氏著書、初出一九九二年）
橋本芳和「南北朝和睦交渉の先駆者、足利直義（Ⅰ）〜（Ⅵ）」（『政治経済史学』五九二〜五九七、二〇一六年）
花田卓司「観応・文和年間における室町幕府軍事体制の転換」（『立命館文學』六二四、二〇一二年）
林屋辰三郎『南北朝』（朝日新聞社、一九九一年、初出一九五七年）
船山信次『毒と薬の世界史――ソクラテス、錬金術、ドーピング』（中公新書、二〇〇八年）
古澤直人『鎌倉幕府と中世国家』（校倉書房、一九九一年）
前田徹「観応の擾乱と赤松則祐」（『兵庫県立歴史博物館紀要　塵界』二三、二〇一二年）
松永和浩「室町期における公事用途調達方式の成立過程――「武家御訪」から段銭へ」（同『室町期公武関係と南北朝内乱』吉川弘文館、二〇一三年、初出二〇〇六年）
峰岸純夫『足利尊氏と直義――京の夢、鎌倉の夢』（吉川弘文館、二〇〇九年）
桃崎有一郎「初期室町幕府の執政と「武家探題」鎌倉殿の成立――「将軍」尊氏・「執権」直義・「武家探題」義詮」（『古文書研究』六八、二〇一〇年）
桃崎有一郎「観応擾乱・正平一統前後の幕府執政「鎌倉殿」と東西幕府」（『年報中世史研究』三六、二〇一一年）
森茂暁『足利直義――兄尊氏との対立と理想国家構想』（角川学芸出版、二〇一五年）
森幸夫「奉行人安威資脩伝」（『鎌倉』一一六、二〇一四年）
山田邦明「千葉氏と足利政権――南北朝期を中心に」（同『鎌倉府と関東――中世の政治秩序と在地社会』校倉書房、一九九五年、初出一九八八年）
山田貴司「南北朝期における武家官位の展開」（同『中世後期武家官位論』戎光祥出版、二〇一五年、初出二〇〇八年）
山田徹「室町幕府所務沙汰とその変質」（『法制史研究』五七、二〇〇七年）

山田敏恭「南北朝期における上杉一族」（黒田基樹編『関東管領上杉氏』戎光祥出版、二〇一三年、初出二〇一〇年）
山本康司「南北朝期室町幕府の恩賞方と仁政方」（『日本史研究』六四五、二〇一六年）
山家浩樹「室町幕府訴訟機関の将軍親裁化」（『史学雑誌』九四―一二、一九八五年）
吉田賢司「室町幕府の国人所領安堵」（同『室町幕府軍制の構造と展開』吉川弘文館、二〇一〇年、初出二〇〇四年）
吉田賢司「室町幕府論」（『岩波講座　日本歴史　第8巻　中世3』岩波書店、二〇一四年）

観応の擾乱関連年表

年号内の（ ）は南朝

年号	西暦	事項
建武二	一三三五	七月、中先代の乱勃発。 八月一九日、足利尊氏軍、鎌倉を奪回する。 一二月一一日、建武政権軍、箱根・竹ノ下の戦いで足利尊氏軍に敗北する。
建武三	一三三六	正月、足利尊氏軍と建武政権軍、京都で激しく交戦するが尊氏軍が敗北する。 三月二日、足利尊氏軍、筑前国多々良浜の戦いで菊池武敏軍に勝利する。 五月二五日、足利尊氏軍、摂津国湊川の戦いで楠木正成軍に勝利する。 八月一五日、持明院統光厳上皇の院政がはじまり、光厳弟の光明天皇が即位する（北朝の発足）。 一〇月一〇日、後醍醐天皇、足利尊氏と講和する。 一一月七日、『建武式目』が制定される（室町幕府の発足）。 一二月二一日、後醍醐天皇、大和国吉野へ亡命する（南朝の発足）。
暦応元	一三三八	五月二二日、高師直軍、和泉国堺浦の戦いで北畠顕家を討ち取る。 閏七月二日、新田義貞、越前国藤島の戦いで戦死する。 八月一一日、北朝、足利尊氏を征夷大将軍に、弟直義を左兵衛督に任命する。

観応の擾乱関連年表

暦応二	一三三九	八月一六日、後醍醐天皇、崩御する。
康永二	一三四三	一一月、高師冬、常陸国関城・大宝城を陥落させ、関東を平定する。
康永三	一三四四	三月、三方制内談方が発足し、高師直・上杉朝定・同重能が頭人に就任する。 九月二三日、足利直義、従三位に昇進する。
貞和三（正平二）	一三四七	六月八日、足利直義の実子如意王が誕生する。 八月、楠木正行、河内国で挙兵する。 九月一七日、楠木正行軍、河内国藤井寺合戦などで細川顕氏軍を撃破する。 一一月二六日、楠木正行軍、細川顕氏・山名時氏連合軍に摂津国瓜生野・阿倍野・渡辺橋で連戦連勝する。
貞和四	一三四八	正月五日、高師直軍、河内国四条畷の戦いで楠木正行を討ち取る。一五日、師直、大和国平田荘まで進出し、南朝と講和交渉を行う。二六日、師直軍、大和国吉野まで進出し、皇居以下をすべて焼き払う。後村上天皇は同国賀名生に逃れる（〜三〇日）。 二月一三日、師直、京都に凱旋する。 五月二八日、足利直冬、紀伊遠征へ出陣する（〜九月二八日）。 一〇月、仁木義氏・石橋和義が内談頭人に就任し、高師直・上杉朝定と交代する。
貞和五	一三四九	三月一四日、足利尊氏の京都土御門東洞院邸が火災に遭う。尊氏、高師直の一条今出川邸へ移住する。 四月一一日、足利直冬、長門探題として西国へ下向する。 閏六月、足利直義、高師直の暗殺を謀るが失敗する。二日、直義、三条殿近

観応元	一三五〇	辺の防御を固め、師直の報復に備える。一五日、師直、執事を解任される。二〇日、高師世が執事に就任する。 この頃、上杉朝房、内談頭人・小侍所頭人に就任する。 七月二一日、高師泰、畠山国清を河内国石川城へ呼び、自身は軍勢を率いて京都へ向かう。 八月九日、高師泰、一条今出川邸へ入る。一〇日、足利尊氏、丹波国篠村八幡宮に参詣した後、土御門東洞院邸へ戻る。一二日、諸将、三条殿と一条今出川邸に馳せ参じ、旗幟を鮮明にする。一三日、劣勢の足利直義、土御門東洞院邸へ避難する。一四日、師直、土御門東洞院邸を大軍で包囲する。上杉重能・畠山直宗の流罪、直義の引退、足利義詮の上京および三条殿就任が決定される。一九日頃、直義、政務に、師直、執事に復帰する。三方制内談方が廃止され、五方制引付方が復活し、斯波家兼・石橋和義・佐々木導誉・長井高広・仁木義氏が頭人に就任する。師直、寄合方を主催する。 九月、足利直冬、備後国鞆を出て、九州へ転進する。足利直義、左兵衛督を辞任する。九日、足利基氏、京都を出発し、鎌倉へ下向する。二八日、足利尊氏、直冬に出家を命じる。 一〇月一一日、足利尊氏、足利直冬に上洛を命じる。二二日、足利義詮、入京する。二六日、義詮、三条殿に移住する。 一二月八日、足利直義、出家する。二〇日、上杉重能・畠山直宗、配流先の越前国で殺害される。二七日、足利尊氏、直冬の討伐を命じる。 正月三日、高師冬、関東執事にふたたび任命され、東国へ下向する。

		六月二一日、高師泰、足利直冬討伐のために京都から出陣する。 七月二八日、足利義詮―高師直、土岐周済を討伐するため美濃国に出陣する。 八月二〇日、足利義詮―高師直軍、京都に凱旋する。 一〇月二六日、足利直義、京都を脱出する。二八日、足利尊氏―高師直、直冬討伐のために京都から出陣する。 一一月六日、佐々木導誉の配下、京都に潜伏していた土岐右衛門蔵人を討つ。仁木頼章軍、土岐一族の蜂屋の宿所を襲う。一六日、佐々木導誉、直義追討の院宣発給他三ヵ条を北朝に奏聞する。この日までに細川顕氏、直義派に寝返る。一九日、足利尊氏―高師直軍、備前国福岡にいたる。二一日、直義、河内国石川城に入城する。二二日、石塔頼房、大和国生駒山で、直義派として挙兵する。二三日、直義、南朝に降伏する。二五日、直義と北畠親房が石川城で会談したとの噂が京都に流れる。二九日、直義、尊氏に師直・師泰兄弟の身柄引き渡しを要求したとの情報が京都にもたらされる。 一二月、桃井直常、越中国から出陣し、京都を目指して進撃する。七日、石塔頼房軍、山城国石清水八幡宮に進出し、赤井河原に布陣する。一三日、南朝、直義の降伏を正式に許可する。二九日、足利尊氏―高師直軍、備前国福岡から京都を目指して反転する。
観応二	一三五一	正月七日、足利直義、石清水八幡宮に入城する。一〇日、足利尊氏―高師直軍、山城国山崎に到達する。斯波高経、二階堂行譚・同行珍を伴って京都を脱出し、石清水八幡宮へ向かう。一三日、上杉朝定・同朝房・今川範国が京都を脱出し、八幡へ赴く。一四日、須賀清秀、八幡に向かう。一五日、足利

義詮、京都を脱出し、尊氏―師直軍と合流し、反転して桃直常軍と京都市街戦を行い、直常軍を駆逐する。一六日、尊氏―師直軍、丹波国へ撤退する。薬師寺公義・佐々木善観・千秋高範・小笠原政長・山名時氏、直義派に寝返る。一七日、直義派諸将、入京する。直義、高経に京都守備を命じる。高師冬、甲斐国須沢城で戦死する。この後、尊氏―師直、播磨国書写山へ転進し、義詮は丹波にとどまる。佐々木六角氏頼、八幡に赴き、直義に本領以下を安堵される。直義、北朝に銭三万疋を献上する。二二日、頼房、細川顕氏へ書状を送り、上洛を勧める。月末、高師泰・同師夏軍、書写山に在陣する尊氏―師直軍に合流する。

二月三日、足利直義、上杉憲顕の上洛を制止する。四日、足利尊氏―高師直軍、石塔頼房が籠城する播磨国光明寺を攻撃する。この頃から赤松則祐、尊氏に無断で戦線を離れ、本拠地播磨国白旗城へ帰る。五日、直義、長井広秀などを南朝に派遣し、銭一万疋を献上する。九日、細川顕氏・同頼春軍、書写山坂本に在陣する尊氏―師直軍を攻撃する。一二日、畠山高国―国氏父子、吉良貞家に陸奥国岩切城を包囲され、自害する。一七日、尊氏、摂津国兵庫に転進し、同国打出浜の戦いが行われる。師直・師泰が負傷し、尊氏軍が大敗する(～一八日)。二〇日、尊氏、饗庭命鶴丸を八幡の直義の許へ派遣し、講和を請う。二二日、尊氏の土御門東洞院邸、全焼する。二四日、この頃、師直以下の高一族、出家する。二五日、直義の息如意王、病死する。二六日、摂津国武庫川辺鷲林寺において、師直以下高一族、斬殺される。二七日、尊氏、帰京する。二八日、直義、帰京する。

三月二日、足利尊氏、足利直義と会談する。擾乱勃発前の三条殿体制に戻し、足利直冬を鎮西探題に任命することを決定する。この後、石橋和義・畠山国清・桃井直常・石塔頼房・細川顕氏が引付頭人に就任する。三日、顕氏、尊氏を訪問するが、面会を拒否される。六日、顕氏、足利義詮を迎えに丹波国に赴く。一〇日、義詮、顕氏を伴って帰京し、錦小路邸を訪問する。一一日、楠木正儀代官が錦小路邸を訪問し、後村上天皇の勅書を直義に渡す。一二日頃、直義、後村上に帰京を要請したとの風聞が流れる。一八日頃、幕府が南朝に提示する講和条件がまとめられる。二九日、斎藤利泰、深夜帰宅途中に暗殺される。三〇日、山城国醍醐寺僧房玄、幕府が作成した南朝宛の事書を携え、賀名生へ到着する。

四月二日、佐々木導誉以下尊氏派七名の罪を許し、所領を安堵する。三日、足利直義、三条殿の義詮と同居しようとするが拒絶される。四日、幕府の事書が後村上天皇に披露される。一六日、直義、山名時氏邸に移住する。この頃、南朝との講和交渉が不調に終わる。二五日、直義、押小路東洞院邸に移住する。二七日、直義、楠木正儀代官を使者として、再度南朝に事書を提出する。

五月四日、桃井直常、襲撃される。一五日、足利直義と南朝の講和交渉、完全に決裂する。

六月、足利義詮、御前沙汰を発足させる。この頃、足利直冬方の河尻幸俊、正式に肥前守護となる。

七月、引付方、活動を停止する。一〇日頃、赤松則祐、興良親王を奉じて武力蜂起する。一九日、直義、政務引退を表明する。二一日、この前後、足利尊氏派諸将、自身の勢力圏へ下る。二二日、直義、尊氏の慰留により引退を撤回する。二七日、義詮の正妻渋川幸子、男児を出産する。二八日、尊氏、佐々木導誉を討伐するために近江国に出陣する。二九日、義詮、播磨へ出陣する。三〇日、直義、京都を脱出して北陸へ下向する。

八月二日、佐々木導誉、後村上天皇の綸旨を拝領する。三日、足利義詮、帰京する。五日、足利尊氏、帰京する。六日、足利直義、この日までに越前国敦賀へ到着し、金ヶ崎城へ入城する。尊氏、細川顕氏を直義の許へ派遣し、帰洛を懇望する。七日、この頃、尊氏、法勝寺恵鎮上人を使者として、南朝との講和交渉を開始する。一二日、恵鎮、南朝との講和交渉に失敗し、帰京する。一八日、尊氏、義詮を伴い、近江国へ出陣する。二三日、藤原有範、直義の使者として北朝に参内し、比叡山への行幸を要請する。

九月一日、北朝の比叡山行幸、中止される。二日、近江国で足利尊氏軍と同直義軍の散発的な戦闘が開始される。三日、この頃、尊氏、二階堂行諲・安威資脩を使者として赤松則祐の許へ派遣し、則祐を介して南朝と講和交渉を行う。七日、直義、畠山国清・桃井直常を大将として近江国に出陣させる。国清等、八相山に布陣する。一〇日、石塔頼房、伊勢国から近江へ侵入し、佐々木山内信詮と佐々木導誉の軍勢を撃破し、八相山の直義軍に合流する。一二日、近江国八相山の戦いで、尊氏軍、勝利する。二〇日、この頃から、尊氏・直義、講和交渉を開始する。二一日、直義、越前国を発して近江国へ向かう。

観応の擾乱関連年表

一〇月二日、足利尊氏・同直義、近江国錦織興福寺で対面するが、決裂する。八日、直義、近江国を退去し、再度北陸へ逃れる。一一日、直義、関東下向の意思を表明する。この後、北陸道を経由して鎌倉へ向かう。細川顕氏・畠山国清、出家の意向を示し、尊氏に慰留される。一二日、二階堂行珍、上洛し、尊氏派に転じる。一四日、尊氏―義詮父子、帰京する。二一日、幕府沙汰始。仁木頼章、執事に就任する。二五日、この頃、南朝、幕府が提示した講和条件を受け入れる。二八日頃、尊氏、義詮を追討する噂が流れる。

一一月二日、赤松則祐、上洛し、正式に幕府に帰参する。南朝使者忠雲僧正、入京する。三日、足利義詮、忠雲と対面し、講和を締結する（正平の一統）。四日、足利尊氏、仁木頼章以下の諸将を率い、京都を出陣し、東国へ向かう。七日、崇光天皇・皇太子直仁親王が廃され、北朝が消滅する。八日頃、尊氏、饗場命鶴丸と朽木某を京都に派遣し、義詮の東国下向を制止する。一五日、足利直義、鎌倉に到着する。二九日、尊氏軍、駿河国薩埵山に籠城する。直義軍が京都に攻め上るとの情報が京都に入り、義詮、東国に出陣しようとする。

一二月七日、尊氏・直義が講和し、義詮、播磨国苔縄城に没落するとの噂が流れる。一一日、駿河国蒲原河原で尊氏・直義両軍が交戦し、尊氏軍が勝利する。一五日、宇都宮氏綱等、下野国宇都宮で挙兵する。一六日、氏綱軍、下野国天命宿に到着する。総大将三戸七郎、狂気に取り憑かれて自害する。一九日、氏綱軍、上野国那和荘で上杉軍と交戦して勝利する。二〇日、氏綱軍、武蔵国府中に到達する。二三日、南朝、北朝から三種の神器を接収する。

文和元	一三五二	二九日、氏綱軍、相模国足柄山で直義軍を撃破する。 正月一日、足利尊氏軍、伊豆国府で宇都宮氏綱・薬師寺公義軍と合流する。その後、足利直義、尊氏に降伏する。五日、尊氏、直義を伴い、鎌倉へ入る。二月二六日、足利直義、死去する。後村上天皇、京都を目指し、大和国賀名生を出発する。二八日、後村上、摂津国住吉に行宮を定める。 閏二月六日、南朝、宗良親王を征夷大将軍に任命する。一二日、足利義詮、恵鎮上人を後村上天皇の許へ遣わし、交渉を行う。一五日、後村上、摂津国天王寺へ移る。新田義宗・同義興・脇屋義治ら、上野国で挙兵する。一六日、義宗軍、武蔵国に侵入する。一八日、義宗軍、鎌倉へ攻め入る。足利尊氏、武蔵国神奈川へ転進する。この頃、宗良、信濃国で挙兵し、碓氷峠まで進出する。北畠顕信、陸奥国白河関に進撃する。一九日、後村上、石清水八幡宮へ移る。二〇日、楠木正儀を主力とする南朝軍、京都に突入する。細川頼春、戦死する。三条殿が焼失し、義詮、近江国へ逃れる。尊氏軍と義興軍、武蔵国人見原・金井原で激戦を展開する。二一日、南朝、光厳上皇・光明上皇・崇光天皇・直仁親王の身柄を拘束し、八幡へ連行する。二三日、義興、北条時行と鎌倉を出て三浦半島へ赴く。二八日、尊氏軍、宗良・義宗らと武蔵国小手指原・入間河原・高麗原で戦う。義興、鎌倉へ攻め入り、南宗継・石塔義基などを駆逐する。その後、武蔵国笛吹峠で最終決戦が行われ、尊氏軍が勝利する。 三月、吉良貞家、陸奥国府を奪回する。九日、足利義詮、近江国を発つ。一五日、義詮、京都を奪回する。二一日、義詮、東寺に本陣を置き、細川顕氏

文和二	一三五三	を総大将として石清水八幡宮攻撃を開始する。 五月頃、西国の足利義詮政権で引付方が復活する。石橋和義・大高重成・宇都宮蓮智・二階堂行誼・高重茂が頭人に就任する。一一日、石清水八幡宮、陥落する。 八月一七日、後光厳天皇、即位する。 一一月、楠木正儀・石塔頼房等の南朝軍、赤松光範軍を摂津国尼崎・伊丹河原等で撃破する。その後、足利義詮、佐々木京極秀綱・同高秀を派遣するが敗れる。山名師義軍、備前国鳥取荘へ侵攻し、備後国の上杉重季も呼応して挙兵する。二四日、一色道猷軍、足利直冬の居城筑前国大宰府に攻め込む(～文和二年二月一日)。 年末、足利直冬、大宰府を脱出し、長門国豊田城に転進する。 正月頃、足利直冬、南朝に帰順する。一〇日、備後国迫山の戦い。石橋和義、敗北する。 四月二日、土岐頼康・仁木義長、摂津・河内両国の戦いに敗北して帰京する。 五月、吉良貞家、陸奥国田村郡宇津峰城を陥落させ、北畠顕信以下を駆逐する。二〇日、幕府、鎌倉龍口で北条時行を処刑する。 六月九日、南朝軍、京都に侵攻する。神楽岡の戦いで、粟飯原清胤、戦死する。足利義詮、近江国坂本へ逃れる。一二日、高師詮、京都西山で山名軍と交戦し、戦死する。一三日、義詮、後光厳天皇を奉じて坂本から撤退する。 佐々木京極秀綱、戦死する。その後、義詮、美濃国垂井まで逃れる。 七月一〇日、足利義詮、反撃に転じ、美濃国垂井から出陣する。二三日、赤

		松則祐・石橋和義軍、摂津国西宮まで進出する。二四日、山名時氏—師義父子、石塔頼房以下の南朝軍、京都から没落する。二五日、則祐・和義・松田信重軍、入京する。二六日、義詮、入京する。二八日、足利基氏、畠山国清以下を率いて鎌倉を発ち、武蔵国入間川に移転する。二九日、足利尊氏、鎌倉を発つ。 九月、足利尊氏、美濃国垂井に到達し、後光厳天皇に拝謁する。二一日、尊氏、足利義詮とともに後光厳を奉じて入京する。 年末、足利直冬、この頃までに石見国に移動する。
文和三	一三五四	五月二一日、足利直冬、京都を目指して石見国を出発する。二七日、荒河頼直・小笠原左近将監、直冬の進軍を阻む。 九月一四日、足利直冬、進軍を再開する。これに丹波国の石塔頼房、但馬国の山名時氏、越中国の桃井直常、河内国の楠木正儀が呼応して出陣する。斯波高経—氏頼父子、幕府を裏切って越前国で挙兵する。 一〇月一八日、足利義詮、佐々木導誉・赤松則祐以下を率いて出陣し、播磨国広山八幡に布陣する。 一二月二四日、足利尊氏、後光厳天皇を奉じて近江国武佐寺へ退く。
文和四	一三五五	正月一六日、桃井直常・同直信・斯波氏頼らの北陸勢、入京する。二〇日、足利尊氏、近江国武佐寺を発ち、京都に向かって進軍を開始する。二二日、足利直冬、石塔頼房・山名時氏以下の中国勢を率いて入京する。二五日、直冬、東寺実相院に本陣を定める。二九日、尊氏、比叡山に入城する。 二月三日頃、足利尊氏軍、比叡山を下りる。六日、足利義詮軍、山名時氏以

		下の足利直冬軍と摂津国神内山付近で大会戦を繰り広げ、勝利する。尊氏軍、六条河原・七条河原に進出する。仁木頼章、嵐山に布陣する。八日頃、尊氏軍、錦小路猪熊大宮付近で直冬軍との戦闘を開始する。
		三月一二日、足利尊氏軍、足利直冬軍の本陣であった東寺に突入する。直冬、八幡に撤退し、その後中国地方へ没落する。
延文元	一三五六	この年、恩賞充行権が足利尊氏から足利義詮へ移動し、義詮が全権を掌握する。
延文二	一三五七	七月、足利義詮、引付方を廃止する。
延文三	一三五八	四月三〇日、足利尊氏、死去する。
		一二月八日、足利義詮、征夷大将軍に就任する。
康安元	一三六一	一二月、南朝軍、四度目の京都占領を果たす。
貞治二	一三六三	八月、引付方、復活する。この頃、斯波高経、子弟を要職に就け、幕政を主導する。
貞治六	一三六七	九月、山名時氏、幕府に帰参する。
		一二月七日、足利義詮、死去する。この後、幼少の足利義満を、細川頼之が管領として補佐する体制になる。管領制度が確立する。
明徳二	一三九一	一二月、足利義満、山名氏を討伐する（明徳の乱）。
明徳三	一三九二	閏一〇月、南北両朝、合一する。
応永元	一三九四	この年、引付方、最終的に消滅する。
応永七	一四〇〇	この頃、足利直冬、死去する。

亀田俊和（かめだ・としたか）

1973年，秋田県生まれ．97年，京都大学文学部史学科国史学専攻卒業．2003年，京都大学大学院文学研究科博士後期課程歴史文化学専攻（日本史学）研究指導認定退学．2006年，京都大学博士（文学）．現在，京都大学文学部非常勤講師．17年8月より国立台湾大学日本語文学系助理教授．

著書『室町幕府管領施行システムの研究』（思文閣出版，2013年）
『南朝の真実』（吉川弘文館，2014年）
『高 師直』（吉川弘文館，2015年）
『高一族と南北朝内乱』（戎光祥出版，2016年）
『足利直義』（ミネルヴァ書房，2016年）
『征夷大将軍・護良親王』（戎光祥出版，2017年）

観応《かんのう》の擾乱《じょうらん》
中公新書 *2443*

2017年7月25日発行

著　者　亀田俊和
発行者　大橋善光

本文印刷　暁印刷
カバー印刷　大熊整美堂
製　　本　小泉製本

発行所　中央公論新社
〒100-8152
東京都千代田区大手町1-7-1
電話　販売 03-5299-1730
　　　編集 03-5299-1830
URL http://www.chuko.co.jp/

Published by CHUOKORON-SHINSHA, INC.
Printed in Japan　ISBN978-4-12-102443-5 C1221

中公新書

日本史

d2

1521 後醍醐天皇 森 茂暁
776 室町時代 脇田晴子
2179 足利義満 小川剛生
978 室町の王権 今谷 明
2401 応仁の乱 呉座勇一
2058 日本神判史 清水克行
2139 贈与の歴史学 桜井英治
2343 戦国武将の実力 小和田哲男
2084 戦国武将の手紙を読む 小和田哲男
2350 戦国大名の正体 鍛代敏雄
1625 織田信長合戦全録 谷口克広
1782 信長軍の司令官 谷口克広
1907 信長と消えた家臣たち 谷口克広
1453 信長の親衛隊 谷口克広
2278 信長と将軍義昭 谷口克広

2421 織田信長の家臣団―派閥と人間関係 和田裕弘
784 豊臣秀吉 小和田哲男
2146 秀吉と海賊大名 藤田達生
2265 天下統一 藤田達生
2264 細川ガラシャ 安 廷苑
2241 黒田官兵衛 諏訪勝則
2372 後藤又兵衛 福田千鶴
2357 古田織部 諏訪勝則
642 関ヶ原合戦 二木謙一
711 大坂の陣 二木謙一
476 江戸時代 大石慎三郎
870 江戸時代を考える 辻 達也
2273 江戸幕府と儒学者 揖斐 高
1227 保科正之《ほしなまさゆき》 中村彰彦
740 元禄御畳奉行の日記 神坂次郎
1945 江戸城―本丸御殿と幕府政治 深井雅海
1099 江戸文化評判記 中野三敏

---

853 遊女の文化史 佐伯順子
929 江戸の料理史 原田信男
2376 江戸の災害史 倉地克直
2443 観応の擾乱 亀田俊和